ロシアの躁と鬱

ビジネス体験から覗いたロシア

中尾ちゑこ
Chieko Nakao

成文社

ロシアの躁と鬱——ビジネス体験から覗いたロシア——目次

第三章

ロシアの躁と鬱——ビジネス体験から覗いたロシア——

本書を、深い知識とソ連時代からの幾多の体験、卓越した語学力でロシアとロシア人を敬愛し、ロシアへ導いてくれた亡き友人に捧ぐ。

プロローグ――一九九三年十二月三十一日――

新年早々モスクワに出張した時、出迎えたアンナが車に乗るなり話しかけてきた。

「わたし初夢をみたのよ。でもちょっと恥ずかしいから誰にも云わないで」日本語だから運転手にはわからない。とにかく誰かに聞いてもらいたかったらしい。家族や友人にも話せないアンナの初夢。

一月一日の夜、眠っているアンナに電話のベルが鳴る。

受話器を取ると男性の声。

「もしもし、アンナ・ウラジーミロヴァさんですね。わたしはウラジーミル・プーチンです。都合でこの国をしばらく留守にしなければならない。留守の間ロシアをよろしくお願いします」

そう伝えると電話は切れたそうだ。

政治家でもない三十代の日本女性が国のトップから国を託される夢などみることはありえない。恥ずかしいと云いつつ多少得意げでもあるアンナの初夢にロシア人の権力やカリスマへの親近感と憧憬、妄想癖を覗きみた。

気まぐれな好奇心が、その後の人生の転機になってしまうということは誰にもありがちなこと。四十代後半からロシアという国やロシア人と係わりを持つようになるとは想像すらしていなかった。

一九八九年、東西の壁が崩れ、翌年ソ連邦も崩壊。ニュースは大事件に違いないが遠い国の出来事だった。

九三年も余すところ数日という年の瀬、ロシア語講師の先輩が取材でモスクワを訪問することになったからと、同行を誘われた。

寒いときにわざわざもっと寒い国に行くなんて冗談じゃないと断るつもりの一方、いや彼女の誘いにのらなかったら一生訪ねる事もない国だろうと思う。ここはひとまず誘いにのってみようかと、もの好きの虫がうごめいた。

航空券もホテルも滞在中の行動もすべて同行者にお任せ、年末年始の休暇旅行のつもりで成田空港に駆けつけた。

アエロフロートのカウンターで手続きを済ますと見知らぬ二人の男性が声を掛けてきた。女同士の会話からわれわれがモスクワへ行くことを知ってのことだ。

「モスクワの空港でこの封筒を知合いに渡していただけますか」

厚みのあるA４判の茶封筒とは別に謝礼のつもりか定型の白い封筒に名刺をそえて差し出す。某宗教団体の名が印刷されている。

「封筒の中身はテープです。昨日出発した者が忘れていってしまったので。モスクワの空港ロビーで受け取るように連絡しておきますからお願いします」

二人とも背広にネクタイの真面目なサラリーマン風だ。

が、同行の先輩は「申し訳ありませんが、お預かりできません」とにべもなく断る。

ふたりの男性は頭を下げて立ち去った。

オウム真理教がモスクワで信者を勧誘しているという噂を現地できいた。

地下鉄サリン事件がおこる二年前である。

乗り込んだモスクワ経由パリ行きは空席が目立つ。

ソ連崩壊から二年、ビジネスはストップしているし、観光客も皆無だ。航空運賃が安いということで大半はモスクワ経由ヨーロッパ行きの乗客である。

寒々とした気分になるが、すでに飛行機はモスクワに向かって滑走を始めていた。

あのとき先輩の誘いを断っていたら新生ロシアもロシア人もわたしの生活や仕事とは無縁なままだったろう。

本書は一九九〇年のクーデター直後、四十八歳でロシアビジネスに踏み込んでいった女性の記録である。

第一章

資本主義の実験場へ

一九九四年の元旦を、今は取り崩された三千室はあるソ連時代のマンモスホテル「ロシア」の堅いベッドで迎えた。

通りをへだてた赤の広場から新年を祝う歓呼の声、爆竹や花火のはじける音が怒濤のごとく押し寄せ、時差ぼけの疲れも眠気も吹き飛ばす。零下十度の外気を人々の歓声と体温が溶かしていくようだ。国の混乱も生活の不安も飲み込んで、熱しはじめたフライパンの上の豆のごとく踊り跳ねていた。

――新たな何かがはじまろうとしている――

眠気のなかで得がたい体験と好奇心で胸が躍ったことを昨日のように思い出す。

当時、日本のメディアからはエリツィンの病状や北方領土問題などの政治的ニュース、あるいは商品のない売り場の棚やホームレスが職と食を求めて慈善団体の列に並ぶ写真などマイナーな記事ばかりが流されていた。表層だけを見れば間違ってはいない。しかしひと皮むいて覗く内側のモスクワっ子の生活と仕事ぶりは報道とかけ離れていた。

同行した先輩のツテで何人かの家のランチやディナーに招待された。

女性社長の経営する美容院や貿易会社、ボタン工場、秘書養成学校などを訪問。ボリショイ劇場で切符もぎりのバイトをしている年金生活のおばさん、大学の先生、図書館司書など職業も年齢も違う様々な人々と知合いになった。

一歩建物の中に入ると、街で見かけない笑顔と明るい声がある。

そう、この国の人たちは自由主義社会というものが具体的にどういうものかまだわかっていない。戸惑いながら手探りで進むしかない。外面は無表情で警戒心を解いていないが、内では違った顔を見せる。

新年会で集まった年配のポーランド系ロシア人がつぶやいた。

「今は、心配なく眠れるのがうれしい。ソ連時代は夜、アパートの前で車の止まる音に緊張したよ。窓から覗くと住民の誰かがKGBの車に乗せられていく。心当たりがなくてもドアがノックされないかと震えていた」聞いていたひとたちも皆うなずく。

恐怖の時代は終わった。

新しい時代がどのようなものかわからないが、外国人を自宅に招き、ワインを傾けて笑いながら過ぎ去ったときを自由に語れる。三年前までは考えられないことだった。

日本ではロシアのモノ不足が報道され、売り物がない国営の店の棚の写真が紹介されるが、街路に出れば正規ルート（といっても正規ルートそのものが崩壊し機能していない）でない闇商品が露天にひしめいている。同じ露天で高級化粧品と安価の石けんが並んで売られている。値段も昨日と今日で違い、朝と夕方でも違う。店主が勝手に値段を付け替える。

「これ昨日のほうが安かったでしょ」と云えば、それがどうしたという店主。

「よく売れるから高くしたのだ。今は自由主義だからね」

店主にとって自由主義とは値段はいつでも売れ筋を見て付け替えができる便利な制度という理解だ。

店主が競争の厳しさ、需要と供給のバランスに頭を悩ますのはもっと先のことだろう。

それはよしとしてたまたま通りでワインやリンゴを買っても日本のスーパーで入れてくれるような袋が一切ない。買った物はジャガイモであれタマゴであれ、自分のバッグとコートのポケットに詰め込むしかない。流しの正規なタクシーもまだなかった。同じ方向に走る車に手をあげ、行き先と料金を交渉する。いわゆる白タクだ。帰り道の救急車や回送バスと交渉する強者もいる。

当時は運転手付で一日貸切り交渉しても、日本円で五百円程度。一万円を使い切るのが大変だった。しかし徐々にインフレの萌芽が現れ始めていた。

この国はこれから何処へ向かい、どのようなプロセスでどう変わっていくのか。社会主義経済社会から資本主義経済社会への実験現場が目の前にあった。

今、まさにロシアの歴史が転換する舞台の幕が上がったのだ。

日本の報道からは伝わらない生きたドラマを自分の目で見、出会ったロシア人たちと行く末を追ってみたい。

一週間の滞在から帰国後、ロシア再訪の想いは消えるどころかますます強くなる。

観光客としてホテルに滞在するのでは意味がない。少なくとも一か月以上はロシア人の中に入り込んで生活してみなければモスクワの一般の人々の生活は見えてこないだろう。

会社を続けながら限られた条件のなかでロシア再訪を実現できそうなツテを求めて右往左往し、数十人の方に相談をもちかけた。無謀な相談を持ちかけられた方も困ったことだろう。

次々と紹介者をたどっていくうちに耳よりな情報がもたらされた。ある方から、モスクワ大学のビジネススクールの校長が来日している、紹介するから会ってみないかというご提案。先方にとっては予定のない突然の申し出のため、ホテルで朝食の時間ならば、ということで面会が実現した。

滞在ホテルに押しかけ朝食中の校長に夢中で話しかけた。制限時間は一時間もないのだ。

「貴方のビジネススクールでわたしのビジネス経験を生かし、サービスや社員教育の講義をします。日本のサービスやビジネスマナー教育はこれからのロシアのビジネスパーソンにとって必要です。そのかわり、そちらで住む場所を保証し、滞在の招聘状を発行してください」

校長はにわか作成の二十ページほどのイラスト入りテキストに目を通してから口にした。

「金融論とか、日本が戦後どのような政策で復興したかという講義はあるが、このような実践的な講義はなかった。面白いだろう」

ビジネススクールとの交換条件は意外とすんなり受入れられ、モスクワ大学経済学部付属のビジネススクールの日本人企業研修用宿舎が無料で与えられ、二か月間の滞在招聘状を手にした。

厳寒のロシア訪問から半年後、二回目のロシアでは、すでに夏がはじまっていた。

一九九四年夏——モスクワ

国際空港は真夜中でも煌々と灯りが点っているものという思い込みは見事くつがえされる。シェレメチェボ国際空港の天井の照明は三分の一しか点っていない。慣例なのか、電球が切れているのかわからない。長い列と緩い仕事ぶりで一時間以上かかり荷物検査をすませてやっと税関を出る。

薄暗い空港ロビーは出迎えの人や客を呼び込む白タクの運転手でごった返している。

大学から出迎えの人と車が来ているはずだ。

大きなスーツケースと手荷物をかかえ壁際に張り付いて立つ日本人のところには出迎え人らしき人は誰も寄ってこない。

知合いなんて一人もいないモスクワ。行く当てはない、ひたすら待つしかその日の宿は確保できない。荷物をかかえたままで移動もできないため、人混みを避けて待ち続けた。

誰か必ず出迎えに来るという確信はある。なぜなら出発直前に大金の託送を依頼されていた。大学との連絡のやりとりで間に入ってくれた某友好団体の担当者から出迎えの大学関係者に渡してほしいと依頼があった。先方も承知しているとのこと。金額は百万円だった。

当時のロシアでは一万円でも一か月は生活できるほどだったからかなりの大金にあたる。しかし百万円の託送は多すぎる。万が一、落としてしまうかもしれない。あるいは盗難に遭うことも考えられる。それよりも二か月間の滞在費にしては不自然だ、申告したとしても税関に咎められないか。入国のトラブルに巻き込まれるのはごめんだ。託送するお金がどういうものか知らない。日本の銀行からロシアへの個人送金のルートもない。ましてやATMからなんて想像もできない四半世紀前、必要なお金は現金で持ち込んでいたのだろう。他人のお金でも、もしもの時は弁償しなければならない。半額の五十万円にしてもらい、生活費の二十万円と合計して、申告書にはひと月三十五万円で二か月間の生活費として記入、残りはスーツケースの衣服のなかに入れ込んだ。

預かったお金は大学からの出迎えの人に渡して欲しいとのことだから、お金の受取人は必ず現れるはず。託送金を所持していることが出迎えの保証にもなっていた。

二十分以上待っただろうか、色白でヒョロリとした三十歳ぐらいの男性が近づいて来た。黒い髪、黒縁の眼鏡、聞いていた外見と一致する。合い言葉は最初の挨拶はお互い英語ですることにしてある。まだパソコン通信も携帯フォトも存在していなかった。男性はビジネススクールの助手スミルノフ氏だった。無事に今宵の宿に着けそうである。

薄暗い空港から出ると午後七時過ぎというのに真昼のような太陽が照りつけている。白夜の季節だ。

大学は迷路

モスクワ市をドーナツに見立てると、空港と大学の位置は真逆にある。スミルノフ氏の運転する車はモスクワ市内を通り抜け、南西の小高い丘に向かう。

四十分もするとモスクワ川にかかる橋から絵はがきで馴染みのゴシック建築の建物が現れた。明るい空に伸びる尖塔を見ながら「ついに一人でモスクワに来た」という実感がはじめて湧く。

車が大学に近づくと白樺やリンゴの木々に囲まれた大学の建物はかえって見えなくなる。モスクワ大学は遠くでこそ全体が見えるが、近づくと建物の部分しか見えない。中に入ると自分がどこにいるのかさえわからなくなる。大学の敷地は広大で公共のバスや乗用車も走っている。雀が丘（旧レーニン丘）の展望台には観光客も来るし、土産物の屋台が並んでいる。学生の宿舎や講義が行われる大学本館の建物は鉄製の柵で囲まれ、通行パスがないと出入りできない。スミルノフ氏が自分のパスを見せ、わたしのことを説明したようだ。

警備員はじろりと見ると、通れ！　というふうに無言で顎をしゃくる。

「ビジネスマナーの講義」はまずは警備員に必要だ。

正面からの写真では大学は真ん中に高い塔があり、左右に翼のように張り出した建築になっている。が、これは反対にも左側にも右側にも同じ様式の建物があり、何処を切り取っても金太郎飴のごとく対称しているということが後でわかった。つまり同じ様式の建物が四つあり、それぞれ繋がっている中庭のある正方形の建物と思えばいい。中庭といっても二百メートル以上の幅があり、間には花壇や木立が茂り、歩道が縦横に走っている。内側の窓を開けても向かい側、あるいは左右の建物が見渡せるわけではない。

中庭の中央に立っても自分の立ち位置がつかめないだろう。それぞれの建物内部にいたっても教室のドア、廊下、階段、所々にある売店、壁や床の汚れ、どれも目印になるような特徴はない。方向を間違えてしまったら何時間後に自分の居場所に戻れるかわからない。

必要最低限の位置だけを覚えることにした。

自分の宿舎棟、構内の出入り口、大学の食堂、ビジネススクールの建物、地下鉄への道、バスの停留所これだけ頭に刻めば十分だ。

滞在中に大学内で催されたトルストイの孫の公開講義の大講堂、アメリカンスクールの子供達の演劇が発表された劇場など関係者の後をひたすら追って行ったが、構内のどの辺りだったか帰国するまで見当もつかないままだった。

二か月間を学内で生活したが、目にしたのはモスクワ大学全容の百分の一にもなってないだろう。大学の正面から一直線に雀が丘展望に続く。そこからモスクワ市内が一望でき、観光名所になっている。徒歩二十分ぐらいでいけるだろうと散歩のつもりで歩いてみた。時計は四十分過ぎてもまだ展望丘の柵はかなり先にある。

結局一時間近くかかるのがわかる。往復二時間だ、丘からの展望を楽しんでいたら半日は過ぎてしまう。

モスクワという平坦な街は視覚にとらえる風景とそこまで実際に到達できる距離とは、日本とくらべものにならないほど遠いことがわかる。

以来、大学の最寄り地下鉄「大学駅」まで構内の敷地を抜けてから急ぎ足で三十分という距離が頭に入る。往復すれば十分な運動量だ。

スミルノフ氏はわたしのスーツケースを持ち、西棟宿舎の三階に案内した。

エレベーターは照明が切れて真っ暗。闇の中で動くエレベーターは上がっているのか下がっているのか定かでなく恐ろしい。どこかにぶつかる音がする。メンテナンスはいつしたのだろう。帰国までは階段を使用した。

三階ホールの右手のドアを開けると、薄暗い廊下が続いている。手前に管理人部屋、誰もいない。廊下の左右に部屋が並んでいる。

スミルノフ氏はエレベータホールから四つ目のドアの鍵をあけた。

「ここがあなたの部屋です」

左手にシャワーと洗面台、右手がトイレ。部屋の中央が壁で仕切られていて、ドアがついている。それぞれに窓際にベッド、壁際に机、椅子が置かれている。学生二人用の仕様になっており、わたしは一人で使用できるので部屋の広さだけは十二分だ。

スミルノフ氏が隣の部屋のいくつかをノックして回る。

三人の若い日本人男性が珍しそうにわたしの部屋に寄ってきた。

彼らは日本の商社から派遣されている語学研修生だった。

「彼女に大学での生活を説明してあげて」というようなことを頼み、わたしには「明後日、月曜日に校長が出てくるから、それまで休んでいてください」といい残し、スミルノフ氏は役目を終えて足早に階段を降りていった。

学生時代

三人の企業研修生のうち上級クラスは木村さん。東京外語のロシア語科を卒業、商社のロシア部門で実務をこなして三年目という。さらに磨きをかけるようにと会社の意向だ。

水野さんと井沢さんも商社マンだが、理工科出身で将来はロシアとのエネルギー資源関連の仕事につくらしい。ひと月前からモスクワ大学で語学研修を始めたところで、ロシア語はアルファベットからの初級クラスだ。

クラスといっても基本的にマンツーマンの贅沢なもの。

企業は人材育成のためかなりのお金を大学側に支払っているのだろう。

週が明けて月曜日、東京で一度だけ会ったビジネススクール校長の教授と顔を合わせた。

「ヤー、何か困ったことはないかね。君のビジネスマナーの講義は八月になってから予定している。それまで時間があるだろうから研修生と一緒にロシア語を勉強したらいいよ」

こちらの意向もお構いなし、それが一番と確信的指令だ。宿舎滞在費から、授業料から無料なのだから拒む理由も浮かばない。

立て続けに校長は続ける。

「本当は君のためには中級クラスがいいのだが、教師のやりくりがつかないので木村さんのクラスに入ったらいい」

木村さんは現役バリバリ、わたしはといえば大学時代にはロシア語をかじったが、四半世紀も前のことでさび付いている。わたしの懸念を察して校長は追い打ちをかける。

「何事でもマスターしようと思ったら、自分の実力よりも高い位置に自分を置かなければダメだよ。水野さんや井沢さんのクラスだったら退屈して続かない。それは君のためにならない」

校長は断言して学生証発行の手続きを秘書のカーチャに指示している。傍らのスミルノフ氏は何も言わない。滞在中、彼が校長に意見を云う、あるいは反論するのを聞いたことがない。おとなしいというか云われたことを忠実にこなす下僕のようだ。彼の未来も校長のひと言にかかっていることが察せられる。

翌日から授業がはじまる。

ビジネススクールは恐竜のような大学本体の建物でなく、大学の西口を出て通りを隔てた向かい側の建物、研修生たちの実習もその中の一部の教室があてられている。宿舎から走れば五分ほどで、これは助かる。が、

教室と宿舎棟との間はいつも疾走する羽目になる。

山のような宿題と予習、復習を授業開始の九時三十分直前まで時計をにらめながら宿舎で格闘する。授業は一時に終了するが、本館の大学の食堂に駆け込まないと席がなくなり、長い列に並ばなければ食事にありつけない。

夏休みとはいえ、いろんな授業やセミナーや研究会があるらしい、また夏休み故に学内に数か所ある食堂は休業で、一か所の食堂しか開いていない。

授業中に休憩時間は一回あるが、一日三時間半のマンツーマンの特訓は息つく暇もなく、昼時には体力も気力もはて、空腹だけが意識に残る状況である。

授業が終了すると三人の若者は「メシだ！　メシだ！」と云いながら階段を脱兎のごとく駆け下りていく。わたしも必死で追いかけるが、彼らの姿はすぐに視界から消えてしまう。しかし食堂に着くとわ

たしの席も確保しておいてくれているので助かる。

息子ほど歳の差のある若者たちのお陰で四半世紀ぶりの学生生活に戻った。

授業のはじまる前に木村さんには一応声はかけておいた。

「本来ならば木村さんと同じクラスというのはあり得ないのですが、校長の指示なので……。ご迷惑をおかけすると思いますけど」

「大丈夫ですよ。ここの先生たちベテランですから」

――いや、そういう問題ではないのだが――

校長から事情は何も聞いてないのか、ベテラン教師は木村さんと同じテキスト五～六冊をわたしの机の上に置いた。

まさにまな板の上の鯉。

授業がはじまってすぐに年配の女性教師が「うん？」という顔をわたしに向ける。

社会とか理科の授業だったら即座に実力がばれることはないが悲しいかな、語学力は一瞬で評価が下される。

教師は「わからないときはいつでも質問しなさい」と云って、あるテキストの何ページ目かの何番目かの項目を指定し、完了形を不完了形にして文章を読みなさいというようなことを問いかけた。

指定のページと項目の数字、文法用語が聞き取れないのでテキストをペラペラめくっていた。

「キムラさん、彼女に説明して」と指示が飛ぶ。

それ以降、「キムラさん、ナカオさんに説明しなさい」というフレーズが何回飛んだことだろう。笑い話でさえ木村さんに解説してもらってから爆笑する始末に教師は苦笑いだった。

木村さんと教師に迷惑をかけないため、宿舎に戻ってからはひたすら机に向かって辞書を引き、音読し、文法問題に取り組んだ。夕食も簡単に済ませ、夜中まで机に向かう。朝は六時に目覚ましをかけ、朝食のパンをかじりながら授業開始まで机に向かう。それでも予習、復習を指示された分量の半分ぐらいしか目を通せない。

人生を振り返り、あれだけ勉強に捧げた日々はない。

一月後、なにかおかしいなと自分のなかで腑に落ちない固まりがざわめきだし、校長の部屋を訪ねた。電話中の彼は受話器を置いてから「何か問題はありましたか」と顔を向けた。

「ロシア語を勉強する機会を与えていただき感謝しています。が、実はわたしがモスクワに来た目的はロシア語の勉強に時間を費やすためではなく、短い滞在期間中できるだけ現実のモスクワ市民の生活やビジネスの状況を自分の目で確かめたいのです」

「それで」校長は促す。

「日本ではモスクワ市民の暮らしなどの報道はほとんどありません。あっても物不足と困窮生活をしいられているという暗いニュースばかりです。たしかに一時期混乱のなかで未来は不透明だったかもしれませんが変化しています。どこよりも大きい可能性があると思います。モスクワが大きく変わっていく過程や可能性を街の中で見てみたいのです」

「そうだ。ロシアは混迷の極みにあるようなことを云われているが、この国は大きなチャンスを持っているのだ。社会主義経済と資本主義経済の欠点を排除して、良いところを取り入れられるのだから」と校長は演説調になる。

確かに理想だがそんなにうまくいくとは思わない、とは口には出さなかった。しかし辞書を引きながら暗唱したわたしの意図は通じたらしい。

「まー、いいじゃないか、君の好きにしたまえ。街を見学するといっても市内のメインストリートや地下鉄やバスの乗り降りはわからないだろうから秘書のカーチャに仕事が終わってから案内してもらいなさい」というご親切なアドバイス。

朝から夜中まで辞書と格闘する学生時代は終わった。

授業のプログラムをみて映画鑑賞とか、美術館見学とかの予習復習のない授業のときだけ顔を出した。

「ナカオさんが授業をサボっているが、いいのか？」

木村さんが校長に告げたところ「構わないサ！　彼女はインディペンデントな女性だ」と云ったとか。褒められたのか、持てあまされたのか心中は読めないまま、ロシア語特訓授業から解放された。

深く息を吸い込みながら校内を歩くとトーポリ（ポプラ）の白い綿が風に舞う季節になっていた。

知らない街へ

「知らない街を歩いてみたい、どこか遠くへ行きたい」

歌のフレーズであるが、これは自分の意思で知らないところを楽しむ歌だ。当てもなく知らないところにいくことは未知の好奇心にあふれるが、自分の意思に反して知らないところへ行ってしまったら後悔と疲れだけが残る。

キエフ駅近くのアメリカ系ホテルにあるジェトロ事務所を訪ねることになっている。キエフ駅方面には大学の裏門の停留所の一つからバスが出ている。

運転手に「キエフ駅に行きますか」と聞いたところ黙ってうなずいた。

モスクワ川沿いに二十分ほどのはずだ。使い古した大きな紙袋をかかえ、窓際の席を確保した。

ホテルや日系企業に出入りするときは荷物も大きくなる。まずトイレットペーパー一巻きと手ふき用の濡れティッシュ。大学同様、街中のトイレでトイレットペーパーが備え付けられているところはない、手洗いの水も出ないところも多い。

バスや地下鉄で街中を歩くときは外国人だと目をつけられないため、なるべく現地の人のなかに紛れ込む。目をつけられないことがトラブルに巻き込まれない第一条件。すっぴん、素足、挨をかぶったペタンコの靴、長めの地味なスカートに着古したブラウス、腕時計もアクセサリーも外しておく。そして大きな紙袋を下げれば地方から出てきたロシアのおばさんだ。キョロキョロしないで、斜め下、十メートル先ぐらいを見つめながら不機嫌そうに急ぎ足で歩く。誰も東京のど真ん中を仕事でかけ回っている日本人女性とは思わないだろう。紙袋にはトイレットペーパーやティッシュのほか、ホテルのトイレで着替えるジャケット、ストッキング、パンプス、化粧道具一式が入ったバッグなどが詰め込まれている。

料金メーターのついた流しのタクシーなんてない。車だったらホテルとか大学の契約車をあらかじめ予約するか、街中で白タクをひろい料金交渉をしなければならない。が、言葉もおぼつかない外国の女性一人が乗り込むのはさすが危険だ。かといって契約している予約車を使用し、目的地の往復だけだったら普通のロシア人の姿は見えてこない。

バスがモスクワ川と反対の郊外に向かっているのに気づいたのは走り出してから十五分ほどたった頃。キエフ駅に向かって混んでくるはずの乗客は停留所のたびに降車していく。

「このバス、キエフ駅に行くのですね」

運転手は「ダー」と答える。

見知らぬ土地で降りてもどうしようもない。乗っているしかない。やがて最後の乗客も降り、遠くにまばらに建物が見える人気のない広場でバスは止まりエンジンが切られた。

つまり、東京の山の手線で渋谷から五反田に行くのに上野周りに乗ったということ。運転手としては間違っているわけではない。しかし前後左右の説明「このバスもキエフ駅に行きますが、急ぎならば反対側のバス停から乗る方が早く着きます」の一言がない。日本では当たり前のことを期待してはいけないのだ。ロシアでは乗客側が「急いでいるので一番早く着くバスを教えてください」と確認する、あるいは確実なのは自分であらかじめ調べておくことだ。

広場でUターンしてすぐ引き返すかと思いきやバスは止まったままだ。

「何時に出発ですか」

「ここで弁当を食べて、一服してからな」と質問と答えがかみ合わないまま、彼は袋から取り出した包みを広げた。

わたしも紙袋からリンゴとパンをだして噛りだした。リンゴは市場で買い、パンは大学食堂で残ったもの。リンゴとパンがあればとりあえず生きていける。リンゴとパンは常備食としていつもバッグに入れてある。予定では、ジェトロモスクワ事務所の入居しているスラビャンスカヤホテルでゆっくりランチをとるはずだった。当時、わたしが知る限りではそのホテルの和食レストランのランチが最高クラスだ。大学の食堂のランチがせいぜい一ドルのときに三十ドルのランチ。シェフは日本人で茶碗蒸し、西京焼き、天ぷら、野菜の煮物など日本と変わらない献立の食事ができた。落ち込んでいるとき、ここのランチを奮発して気分転換した。

三十分ほどして、やっとバスはキエフ駅に向かって走り出した。

住宅街を抜け、車やトロリーバスの行き交う大通りや狭い路地を抜けながら太陽がかなり西に移動してしまった頃、モスクワ川にかかる橋が見えてきた。

三時間以上、日本円にしたら二十円で予定外のモスクワドライブをしてしまった。

まだモスクワ市内の地図も頭に入っていなかったあの時、何という街にいき、どのようなルートをたどっていたのか今でもわからないままだ。

運転手にとってもわたしは不可解な存在だっただろう。学生でもない、ロシア語も覚束ない、いい歳の日本人女性がバスに乗るなんて常識的には考えられない。

二十年後もわたしのような年齢でバスに乗っている日本人女性をモスクワで見かけたことがない。ロシアではどのような乗り物に乗るかで人の収入や地位が判断できるのだ。日本の大使館員や日系企業の家族は特権階級である。危険だからということでバスや地下鉄に乗らないように、また街中をぶらぶら歩かないようにという内示を出している日系企業もある。

お湯が出ない

地震、崖崩れ、火山噴火、台風などの被害にあって避難生活を強いられている人たちが、熱い湯に浸ったときの一瞬の幸福感。

この幸福感を実感した。

ロシアの都市では夏の一定期間、蛇口からお湯が出ないという事態が生じることは知らなかった。冬の温水暖房のため街中にはりめぐらせてある配管の修理や清掃を夏の期間に行うという。それはそれでお国事情でかまわない。が、ある日、蛇口をひねると突然お湯が出ない。

「いつから出るようになりますか」管理人のおばさんに尋ねる。

「さー、一週間か二週間かな。誰も知らないよ。それがどうした」と聞き返される。

企業の研修生を相手に騒ぎ立てた。

「いつからお湯が出るかわからないなんて、ひどい話ね」

「そのうち出るよ。水は出るんだからいいでしょ」彼らはだいぶロシア化している。

水しかでないシャワーは悲しすぎる。

四日も経つと水で洗っているとはいえ頭も体も痒みを感じる。上の階に日本からの女子留学生がいた。彼女にどうしているか聞いてみた。

「薬缶、鍋、洗面器などあらゆる入れ物に沸かしたお湯を溜めて髪を洗う」と云う。

そして彼女の持っている金物を使ってくださいと、届けに来た。

「この部屋、いいね。わたしの階の部屋と全然違う。電話やスタンドもあるし、カーテンも掛かっている。壁も汚れていない」と羨ましげ。

どうやらわたしの住む三階の一部はビジネススクールの管轄で、企業から多額の入居費を受け改修されているらしい。研修生によれば、空いている部屋のいくつかは今でいう民泊用として使用されているらしいとのこと。そういえば廊下でドイツ語や英語を話している人たちとすれ違うことがある。さすがビジネススクール、実際にビジネスをしているのだ。校長が学会と称して日本やドイツに出張するのは営業も目的だったのだろうか。

ソ連崩壊で右往左往する市民のなかで、最初にしたたかに蘇ったのは高学歴で外国に人脈をもち、融通性のある人たちだった。

さて、金物にお湯を溜めるという作業自体、時間も体力も要する。

一週間して我慢も限界にきたので市内の外国人用のホテルに一泊することにし予約を入れた。ウクライナホテルといい、ソ連時代は日本の商社やメーカーの事務所がおかれ、外国からの出張者用ホテルとして指定されていた一つだ。監視しやすいように外国人の事務所や住居は国が決めていた。当然ウクライナホテルには監視のためのいろんな仕掛けや秘密があるはず(その体験談は第二章で書くことにする)。

特別なシステムがあるのだろうか、外国人用ホテルでは夏でも湯が出ないトラブルはない。

部屋に入るなりバスタブに熱い湯をはり、ゆっくり体を沈める。目を閉じると日本のわが家のお風呂に入っているようだ。細胞までが新しく生き返っていく。

一人の知合いもいないモスクワに降り立って一か月、迷路のような大学構内での生活、地下鉄駅近くの市場までの買出しに要する体力、午後になると突然降り出すスコールのような激しい雨、悪戦苦闘のロシア語の授業、単調な学生食堂の食事、宿舎の窓下に積み上げられているゴミの山、いつお湯が出るともわからないシャワー、真ん中がへこんでしまっている木製ベッド、繋がりにくい電話、廊下の電灯が切れても全く気にしない管理人……。

ささいな不合理や諦めなければいけないことがあまりにも多い。好奇心ゆえに楽しんではいたが精神的には相当疲れていたのかもしれない。

一週間ぶりで熱い湯で思い切りシャンプーを泡立てて髪を洗う。こんな日常的なことで人は無上の幸福感を味わえるのだ。アイロンのきいた白いシーツもまぶしい。

午後の日差しがホテルの部屋を強く照りつけるが、窓を開けると風はさわやか、遮るものもなく眼下にモスクワ市街が広がる。

——そう、わたしは今、世界で一番混沌とした実験都市にいるのだ——

一か月分の気分転換をすませ翌朝、タクシーで大学の宿舎に戻った。

研修生たちが「朝帰りですね」と意味深に笑う。お湯を使いたくてホテルに泊まったなんて云えない。

モスクワっ子はお湯の出ない時期、お湯の出る地区に住んでいる友人や親戚の家に泊まるか、郊外のダーチャ（農園付き別荘）や国の保養施設で夏休みを過ごすという。

失業者中でも一か月の夏休みはきっちりとる。職を失おうと、国が破れようと、得た権利を放棄することなど考えもしない。

十八日目の昼頃にお湯が突然出た。

銀の森のヌーディストたち

ライサ・フョードロヴナから電話がかかってくる。

彼女は半年前、ロシア語講師の先輩の誘いで初めてのロシア訪問時、先輩と訪ねた家の主婦である。ロシア人にロシア語を教える先生、つまり日本での国語の先生にあたる。ライサ先生曰く。

「ロシア人でも正しいロシア語を読み書きできる人は少ないよ。間違った使い方をしている」と断言する。ソ連崩壊後は、外国人にもロシア語を教え、副収入を得ている。

一人娘は結婚して市内の別なところに住んでいた。

軍を退職したご主人と内環状線から一つ外側のベガバヤ駅から徒歩十分ほどの十三階建てアパートの十一階に住んでいる。

彼女としては半年前に会った自分とひと回りぐらいしか年齢の離れていない日本人女性がモスクワ大学の寮に住み始めたと聞き、好奇心と心配とロシア人特有の親切心からだろう、たびたび電話がある。

「ナカオ、なにか問題ない？　不便なことは？　一度遊びに来なさい」

ロシア語授業を受けていた最初の一か月間は、遊びに行く余裕などない。寮には共同のキッチンがあるけど三十メートル先で、廊下の電気は切れているので夜などお湯を沸かしにいくのは恐ろしいということを電話で話したら早速、大学駅まで新しい電気ポットをかかえてきてくれた。

お金を払おうとするとひどく怒られる。

「あなた、これはロシア製で日本に持っていっても使えないよ。あなたが帰るとき返してくれたらわたしが使うから」

ライサ先生の人柄やプライドが伝わるちょっとした出来事だった。

お湯が出なくなって最初にライサ先生を思い出したが、数日前からご主人と友人のダーチャにいっていた。

結局、彼女の家を訪問したのは帰国二週間ほど前。

「明日は、銀の森に散歩に行きましょう」とのお誘いがあった。

銀の森はモスクワの北東部にある広大な林で、川で泳ぐこともでき、冬は雪ぞり遊びや、凍った池に穴を開けて魚釣りも楽しめる。四季折々、お金を使わなくても家族連れで一日を過ごせる憩いの場所だ。

昼前、ライサ先生が用意したビスケットと紅茶を持って彼女のアパートを出る。地下鉄ベガバヤ駅のバス停には次から次へとひっきりなしにバスがやってきて、大勢の人が乗り降りする。うかうかしていると人波に押されて乗る気のないバスに押し込まれる。反対に要領が悪いと目指すバスにおいてけぼりにされる。銀の森行きのバスが近づいてくるとライサ先生はわたしの腕をつかんで乗降口から引っ張りあげた。

老若男女を問わず、ロシア人のいざというときの運動能力、バカ力、耐久力、集中力のエネルギーにはあっけにとられるほど感動する。

いくつかのバス停を通り越して銀の森に到着。バスを降りた人たちは思い思いに林の中に入っていく。樹木を縫うように曲がりくねった細い道が縦横に走る。木の葉を通して明るい陽が足下に落ち、黒い影を描く。葉の茂る日陰に入るとひんやりとした風がほてった腕や額を拭う。ライサ先生と森林浴を楽しみながら林の奥へ歩いていった。

モスクワ川の支流の川べりから男女の歓声が聞こえる。草むらと川の空き地にコートをつくり、二十人ぐらいの大人がバレーボールに興じていた。

全員が何も身につけていず、素っ裸だ。

わるびれる様子もなく、試合に夢中。欧米ではヌーディストのグループがいると聞いたことはあるが、まさかモスクワで出くわすとは思わなかった。それも家族連れが憩う天下の公園で。

ライサ先生は汚らわしい物を見たというふうに眉をひそめて彼らを罵り、わたしの腕をつかんで早足にその場を離れる。

「ソ連時代にはあんな人間はいなかった。今は夕暮れ時のプーシキン広場など〝青〟の溜まり場だ」と吐き捨てるように云う。

〝青〟というのは同性愛者のこと。

ライサ先生は六十歳、生まれた時はソ連、社会主義の教育を受け、その体制のなかで結婚し、仕事も子育てもしてきた。ソ連時代を真面目な教育者として生きてきたライサ先生がヌーディストの集団も同性愛者も西側世界のもたらした堕落だと考えるのは無理もない。

その後、ロシア人と仕事をともにしてきて、同性愛者はかなり多くいることがわかった。とくにファッションとか美容のような美に関係する仕事や建築、園芸、音楽などのクリエイティブな職業に多い。ソ連時代にはいなかったということはなく「犯罪」として押し込められていただけだろう。

ライサ先生の大きな背中やお尻の背後から堕落を象徴する忌まわしいグループへの怒りが溢れている。銀の森はお気に入りの散策場所だったこともあり、ショックだったのだろう。

サービスって、ブランドって、コミュニケーションって何

八月になり、訪ロの目的である「日本のビジネスマナーとコミュニケーション」と題する講義の日程が設定された。

校長は「学生たちよりもまずはビジネススクールの先生、また実際に日系企業で働いているロシア人を受講対象にしよう。学生たちに君の講義を直接しても理解不可能だ。サービスって何か、どうしてビジネスでコミュニケーションが必要か、なんて理解できないだろう。自由主義経済活動の体験も現場も見たことがないのだからね」と云う。もっともなことだ。

あるとき、研修生たちと大学の地下鉄駅近くのスタローバヤ（大衆食堂）でランチをとることにした。広い食堂ではおばさんがテーブルや椅子をかたづけていた。

声をかけると面倒くさそうに注文をとりにくる。

それから二十分以上経ってもなにも運ばれてこない。空腹もこたえてくる。サラダやスープぐらいはと思いおばさんに声を掛けた。

「できたものから運んでくれますか」

おばさんはわれわれのほうに向き直り言い放った。

「わたしだって、今朝八時から働いているのよ！」

なぜこちらが怒鳴られるのか、理解不能だった。

地図を頼りに探し回り、やっと見つけたクリーニング店。

「もう少しわかるように表に案内板でも出したら」

店主は云う。

「必要な人は必ず見つけるよ」

こういう人たちにサービスのなんたるかをどうやって語るべきか。

ソ連時代の末期、モスクワ大学の学生だったエレーナは交換学生としてアメリカに三か月の短期留学をした。

「授業のほとんどは理解出来たけど、サービスとかブランドの価値ということは何のことだかわからなかったよ。わかるようになったのはクーデター後、自分でビジネスをはじめて十年ぐらい経ってからかな」と云う。

さて、どのようなルートで受講生を集めたか定かでないが、講義当日、ビジネススクールの教師だけでなく日系企業に勤めるロシア人の若者たちがコの字型に並べられた机にノートを用意して座っていた。ビデオカメラも用意されている。

講義は午前と午後、午前中の二時間は日本企業での一般的な新入社員教育紹介。挨拶、立ち居振舞、名刺の意味、メモの取り方、お客様の案内、報告の仕方など。しかし日本の新入社員と違って、ロシア人の受講生にすぐに役立つわけではないし、座って聞いているだけでは退屈だろう。

そこで上司、訪問客、社長、秘書、お客、販売員などの配役を決めて即席の劇を演じるロールプレイをしてもらう。シャイなロシア人でも乗りはいいので各人が状況を応用して寸劇を進めていく。

結局、サービスやビジネスマナーは反射神経であり、体で覚えてもらうのが手っ取り早い。ただし生まれたてのロシア市場の職場で即、ビジネスマナーが応用されるとは思われない。

それより受講生の興味を引いたのは、わたし自身への関心だった。

自己紹介でさらりと話したつもりが、人脈も資金も特技もなく女性で社長になり会社を経営している。そんなことが日本ではできるのかということへの興味だ。

質問もとび、思わぬ話題に時間がかなり割かれてしまう。

ここで若干ページを割いて、本書を手にしている方にも五十年ほどプレイバックしていただき、女性社長誕生のいきさつを自叙伝風に綴ってみようと思う。ロシアビジネスという箱を開けてしまった遠因を納得していただけるかもしれない。

入社四か月で倒産

大学の卒業式を三週間後にひかえた三月初め、やっと就職先が決まった。

ナウカというロシア語書籍専門店の先輩の紹介で、ロシア（旧ソ連）に機械を輸出している大阪の商社だ。

二年前の大阪万博では割の良いアルバイトはあったが、万博が終わると四年制大卒女子を正式社員に雇用する一般の会社はないことに愕然としていた。履歴書を送り電話をかけても「四年制大卒？　二、三年で仕事おぼえた頃、寿退社だよね。短大卒だったら五年くらいは働いてもらう期間があるけどね」

面接までこぎつけても「通勤どうするの？　女子社員は自宅通勤が原則、やむを得なくて身元保証人の家からという例もあるけど、アパート暮らしの女子社員は例がないから」

あるいは「ロシア語？　どうして？」とまるでなんらかの思想的背景があるかのようにしつこく聞かれ、最終的には断られる。

先輩に紹介された会社の社長は何もうるさいことは言わず、履歴書を見て「娘と同じ年齢だね」ということでパスした。

会社は地下鉄御堂筋線「本町」から二筋ほど入った雑居ビルにあった。社長のほか大学生の息子がいる経理の女性、鞄にサンプルを詰めてアメリカで日本商品の売り込みをしていたという貿易実務ベテランの男性、神戸外大のロシア語科卒のわたしより三歳上の男性、定年退職後顧問として働いている男性、総勢五人のなかにわたしが入社したというわけ。

翌日から鍵を渡され、他の人が出社する前に事務所の掃除を済ませ、お湯を沸かしてすぐにお茶が淹れられるようにしておく。どんな仕事でも職場があるということが嬉しかった。選択の余地のない唯一の就職先、他の会社と比べることもなければ、仕事内容を質問する知識もなく周りの会話に耳を澄まし、仕事の内容を想像しながら云われることはとりあえず夢中でやりこなした。

一週間もする頃、どうやらわたしの勤めた会社は（旧）ソ連邦にビールビンや牛乳ビンなどを製造する設備一式を輸出していて、輸出だけではなく機械が稼働するまでの技術指導や、一定期間の製造保証、メンテナンスまでを請け負うプラント輸出が主な業務だということがわかってきた。

少数精鋭、みなさんそれぞれベテランであり、「迷える子羊」としてすくい上げられたわたしは雑用係であったが、小さな会社故に大企業では新入社員には任せられないような仕事まで回ってくる。

入社ひと月たった頃、「横浜にある工場に三週間ばかり出張してほしい」という社命を賜る。出張先は輸出している機械のメーカーである。機械に添付する翻訳された図面が数千枚もあり、それらのコピーや新たな図面と差替え、最終的には図面リストを作成する作業だという。

――ヨコハマ――まだ行ったことのない大都会。

ちょうど石田あゆみの「ブルーライトヨコハマ」という歌が大流行していた。あの歌の街に行かれるのだと仕事内容はどうでもよくて胸が躍る。

出張初日は先方の会社への挨拶もかねて社長がついてきてくれた。横浜駅から歩いて十分ほどの会社の定宿に案内される。女将さんとは馴染みらしい。都会のビジネスホテルを想像していたが一昔前の木賃宿ではないか。四畳半ほどの和室は廊下ごしに家族の声がきこえた。そして職場は横浜駅からバスで三、四十分、北へ走る、つまり海側とは逆の方向にある殺風景な工場地帯だった。わびしさが迫るが遊びに来たのではないからと云いきかせた。


会社というものはある日、社長が閉鎖を宣言すれば簡単に消滅する危ういものだということを知った。夏の日差しが厳しくなりはじめた昼前、出社した社長は憮然とした表情で社員を見回し頭を深く下げたまま告げた。

「皆さん、申し訳ありませんが本日で会社を解散します。会社にある私物を持ち帰ってください。今月分の給料は月末までに振り込みます」

わたし以外は、いつかはと覚悟していたようだ。輸出した機械の一部が錆ついたり、契約どうり稼働しなかったりのトラブルは耳にしていたが、あまりにも突然でシンプルな終焉だ。資金が続かず契約は大手企業のガラスメーカーに譲渡して撤退するとのこと。

家族のある従業員には幾ばくかの慰労金が支払われるらしいが独身の神戸外大出身の男性とわたしには最後の給料以外に何もない。

「会社の備品で必要なものはあげるから」と云われ、男性はタイプライターをもらい、わたしは会社の辞書を二冊紙袋に入れた。経理の女性だけが残され、われわれ四人は私物の入ったカバン、紙袋、風呂敷包みを手に建物から出た。ちょうど昼時で近所の会社のサラリーマンや女子事務員が三々五々おしゃべりしながら歩いている。

――みんな午後、戻れる場所があっていいな――彼らの姿が真夏の日差しのごとく眩しかった。

昼休みが終わっても戻る机のなくなった四人連れは地下鉄駅まで歩き、最後だからと地下街の喫茶店に入る。一時間ばかりお茶をして「じゃ、お互いお元気で」と云いながら同船していた船を降りた。

再就職、転職、失業、独立へ

大阪の伯母の家に居候し、家事手伝いをしながら新たな就職先を探していた。高槻にある伯母の家は人の出入りの多い家で「来てくれて助かったよ。無理にお勤めしなくてもお小遣いあげるからこの家にいたらいい」と云ってくれた。

秋が深まりつつある頃、母親からの封筒を受け取る。新聞の人材募集の記事のコピーで脇に「この会社、受けてみたら」という添え書き。大学卒業して親戚の家事手伝いなどしている娘にふつうの親は見合い相手の写真と釣書でも送ってくるものだが、わたしの両親も多少変わっている。

送られてきた募集記事の条件には「年齢、男女不問。ソ連貿易実務経験者、書類審査後面接」とある。たった四か月で貿易実務経験者というのもおこがましいが、せっかくの母親の好意なので履歴者を送る。

一週間後、面接の日時が指定されたハガキが届いた。

大手家電メーカー関連会社で冷蔵庫のコンプレッサーを製造している事務所は工場敷地の中にある。JR「日暮里駅」からバスで三十分ほどの隅田川沿い、下町の工場地帯である。電車の最寄り駅は徒歩十五分はかかる南千住。このあたりは江戸の大火以降、新吉原遊郭と云われていた。戦後は日雇い労務者や失業者のたむろする町であった。朝はともかく、暗くなってから女性一人で歩ける場所ではない。工場前のバス停の向かい側は高い壁に囲まれ、その壁より高く東京ガスの巨大な灰色のタンクがそびえるように並んでいる。

面接のための指定された会議室に入ると、すでに男性三人と一人の女性が座っている。みなさん三十歳前後、わたしの姿を一瞥してライバルに値しないなという視線が注がれる。採用枠は一名だった。

ひとりずつ面接室に呼び出され、三十分ぐらいで戻ってきて無言で帰っていく。わたしは最後。面接室のドアを開けると五人の男性が座っていた。採用は一人だけという真剣さはあるものの、すでに大半決まったようなリラックスした雰囲気。

卒業四か月で会社が倒産した経験の女性が何を喋るか楽しみにしているようだ。履歴書や健康診断書の確認が済むと、貿易実務の知識について質問された。

四か月とはいえ、前の会社では対ソ貿易一通りのことに携わされたため、彼らの質問するドキュメント種類や作成方法、関係役所、ソ連公団についてすべて答えることが出来た。

面接の流れが「彼女も採用対象になるかも」という空気に変わる。

しかし最後に採用部署の課長が「応募要項には男女不問としましたが、当部署の仕事はかなりハードで残業が当たり前、この周辺の環境からも男性でないと無理かもしれないのです」とおっしゃる。

それを聞いて、わたしのなかでなにかがはじけてしまった。採用されればラッキー、不採用でも母の好意を無駄にしなかったし、二、三日の東京見物ができる、半ラッキーのつもりだったのに。

面接者にむかって口がかってに動きだす。

「わたしが女性であること、現住所は大阪であることは履歴書をみればわかることとです。女性だからという理由で不採用にするのであれば大阪から呼ばないでください。いままで就職を探してきてすべて女性であるということで面接にさえ呼ばれませんでした。この会社は男女不問で募集されているということは男女の差別なく働かせてくださる会社だと、希望を持って上京したのです。わたしは男性と同じように働くつもりです。仕事上で女性だからという甘えはありません」

最後は捨て台詞だったかもしれない。

しかし、この捨て台詞でわたしは採用される。

後で聞いた話では、まず部長が、

「面白いじゃない。貿易知識もあるようだし」

人事課長は、

「給与は今年の新入社員の追加枠でできますね。他の応募者はかなり高い年俸を希望していましたから」

配属先の課長と係長は、

「他の人たちは従来の仕事の色がつきすぎて使いづらいかもしれない。彼女だったら仕事の色がついていないから。それに男性と同じに働くと本人が云うのだから」ということとだった。

面接した課長が朝礼で職場の全員にわたしを紹介した。

「女性を採用するなんて大丈夫か」という不審と好奇心の視線。

「彼女、男性と同じに仕事させていいから」と冗談半分に紹介されたが、事は冗談ではなくなる。一週間もするとわたしの姿も見慣れたのか、女性と見られなくなり、男性ほどでないにしろ日中は銀行から船会社まわり、時にはヘルメットをかぶり溶接工場の現場や保税倉庫の立ち会い検査に出かけ、五時以降からは報告をかねた打合せが日常になった。

池袋の叔父の家の向かい側にアパートを借りていたが、部屋にいつまでも灯がつかない勤務時間の長さに叔父が激怒してわたしに内緒で会社に電話をかけてしまった。

「本人が希望したとはいえ、若い娘を十時過ぎに駅から一人で帰すなんて、何かあったらどうするのですか」

アパートは池袋駅から歩いて五分足らずだが、線路脇の道は暗くて人通りも少ない。

会社の直属の上司が叔父に謝り、それ以来、駅からアパート近くの明るい通りまで同方向の誰かが送るということになった。

一年と数か月が経った。会社で顔見知りだった翻訳者からの電話を受ける。声のトーンが低い。

「今、よろしいですか。大手建設機械メーカーが翻訳部門をつくることになり、わたしはそちらで働くことになりました。上から英語、ロシア語のタイプができて事務的仕事もこなしてくれる女性を探しているけど、心当たりありませんかと云われたので中尾さんのこと話したのです。本社の課長兼翻訳部門の所長がぜひ会いたいとのことで明日の午後でもこちらに出かけられませんか」という内容だった。

翌日、早退を申し出、最寄り駅の丸ノ内線「国会議事堂前」で下車、写真でしか見たことのない議事堂が目の前にそびえ、あたりは公園のように植栽されゴミ一つ落ちていない。池袋の飲み屋街と千住を往復している毎日からは非日常の風景だ。

面接で何を訊かれたか覚えていないが、「給与の希望は?」という予想外の問いに、三万五千円だった給与から倍掛けして「七万円です」と答えた。どうせ減らされるのだから大きく出た方がという咄嗟の判断。しかしこの額はそのまま通り、来週からでも出社してほしいと云われ唖然とした。理由は四年生大卒の女子は採用したことがなく採用基準がない、仕事の経験がありロシア語タイプの特殊技能があるから本人の希望で決めるしかないというものだった。

ソ連向けコンプレッサープラント輸出プロジェクトの仕事はきつかったが刺激的で面白かった。人間関係やチームプレーも良く、わたしもいつのまにか一員として認められていた。というか育ててもらった。突然退職しますとは、恩を仇で返すような気がする。が、相談した上司は賛成してくれた。

「いい話じゃないか。今のソ連向けが数年後に終了してしまえば貿易プロジェクトは解散になるかもしれない。環境も条件も仕事も悪くない。課長には話すが、他の人には転職とは話さないで体調が優れず、実家に帰るという理由にしておこう」と云って送り出してくれた。

激務から逃れふつうの会社でふつうの女子社員としてふつうに働くつもりが、転職先ではあらたな激務が待っていた。

一九七〇年代、世界で評価が高まりつつある日本製品や技術輸出が右肩上がりの成長期を迎えていた。

転職した建機メーカーでもそれに伴う必要な入札資料、契約書、取扱い説明書の翻訳がページ数でなく重さで量るほど出てくる。海外事業部の人員が目に見えて増えてきていた。旧ソ連向けもあるが、アフリカや中南米諸国へ輸出され、扱う言語は英語を主に英語からスペイン語、フランス語、ポルトガル語、ロシア語、中国語など仕向地向けに翻訳され、編集、印刷されていく。

契約書の翻訳などは商談に間に合わなければ紙くず同然である。翻訳や編集をわたしがするわけではないが納期に間に合わせるべくフリーランスの翻訳者、タイピスト、版下業者を手配し、印刷所に送り込む。作業管理から業者への支払い計算までしなければならない。前の会社ではプロジェクトとして仲間がいたが、新たに就いた仕事では仲間はいない。気が付けば夜が明けていたこともある。

仕事自体は難しいものでなく、五年もすると流れはすべて身につけた。独立採算の部署として利益も上げ、忙しいだけの退屈な毎日となる。そんな頃体調を崩し休暇を申請したところ「君の仕事は本社のメインの仕事ではなくて、サービスとしてワンクッションおいた仕事だから、そんなに必死になって体を壊すまでやる必要ないよ。激務で体、壊したなんて人聞き悪いことだ。適当にやればいいんだよ」と云われた。

適当にやるって？　どうやるのかわからない。適当にやる器用さを持ち合わせていないため「現在の仕事もそろそろ退き時だ、新しいことを覚えたい」と退職を決めた。

やはり仕事をするならもう一度商社的仕事をしたかった。本来なら新たな仕事が見つかってから退職すべきであったが、転職先を探しながら仕事を続けるほど暇ではないので会社と時期を話し合って五年目の八月末で退職した。

三十歳になっていた。

この年七月、ロッキード事件で前の内閣総理大臣田中角栄が逮捕され、巷には「およげ！たいやきくん」の歌が流れていた。

仕事で知り得た人脈を駆使して就職口を探し始めたが、相談された人たちが困惑していた。田舎の両親からは「こちらに帰ってきて近所の子供たちの勉強みてあげたら」とのんびりしたもの。最後はそれしかないかと覚悟しつつあった。が、相談した数人から「今までの翻訳手配や海外向け資料の仕事を自分で始めたら」という意見を賜る。ノウハウも覚え、退屈になってきたから辞めたのに、また同じ仕事をするっていうのか！　しかし考えてみればほかに出来ることはない。

退職金をはたき、青山のアパートにリサイクルショップで買った事務机と椅子をいれ、名刺、挨拶のハガキ、価格票を載せたチラシ百枚を印刷した。電話番に知人の女性を頼む。

挨拶文を送って三日後、大手商社の女性社員から三枚ほどのレターのスペイン語への翻訳の依頼があり、一週間後には勤めていた会社とは別な建機メーカーから和文英訳の取扱説明の大口発注を受けた。ありがたいことに独立を知った元の勤め先の会社からも声を掛けてもらった。時代の波に乗ったとしかいいようがない。

取引先の会計課長に呼ばれる。

「百万単位の支払いを個人口座に振り込む訳にいかないから至急法人にしてください」

法人、つまり会社にしてくれということだ。

書店に駆け込み「有限会社設立」というタイトルの本を買い、一晩で読破。

書類に必要事項を記載し、会社印や実印も登録、銀行口座も開設して法務局に駆け込んだ。

法務局の担当者は定款のあまりにも多い記載ミスに呆れながらも、時間をかけて修正を指示してくれる。定款は真っ赤な修正ペンと訂正印ですばらしくカラフルなものになった。

大特急で設立した会社でも肩書きは代表取締役となり、人には「社長」と呼ばれるようになる。

二年が経った。事務所も青山から赤坂の表通りに移ったある日、麻布税務署から中年と若い男性、二人が突然訪ねてきた。

「今からお客さんの会社で打合せがあります。いつも時間に追われていて余裕がないので、突然いらっしゃっても困ります」と税務署との応対などしたことがないので迷惑げに告げた。

「いつだったら時間ありますか？」

「平日は無理です。土曜日だったら」と答えたら本当に土曜、また例の二人がやってきた。

売上げリスト、支払いリスト、請求書綴り、預金通帳、領収書綴りなど神妙に調べている。若い男性が質問する。

「社長、請求伝票と売上げリストの合計が合いませんよ」

そんなことはない、わたしが計算機を打つと合っている。

税務署員が再度計算するのを見ていると時々引き算している。

「何故、引くのですか？」

「赤ペンで書いているでしょう。値引きか未入金処理ですよね」

「いいえ、手元に黒いペンがなくて赤で書きました」

それを聞いて中年の男性も振り返り、お互いに目をあわせていた。

あまりにも税務や会計の知識が欠如している。彼らが過去に遡って計算したところ、かなり追加で税金を支払わなければいけないことになり、悪意ではなく無知のためなので指導が必要と告げられた。

結局追徴金といわれる税金は二年間かけて分割で払うことになった。この追徴金にも消費者金融なみの高い利息がついて驚いた。

麻布税務署との攻防戦は仕事というものは営業して売上げをあげ、支払いをするだけではなく税務とか経理とか節税対策、人事や福祉など会社の仕組み、経営ということに目を向けるきっかけになった。

海外へ海外へとなびいた日本企業もオイルショック、日本商品バッシングに見舞われ、輸出でなく現地生産に切り替わっていく。時代の変化に設立十年を過ぎた当社の仕事内容も変わってきた。機械や技術の翻訳からアジア向けの人材育成マニュアルや欧米向け市場調査のようなソフトな内容になり、顧客の依頼を納期までに正確に納める下請け作業から、情報発信や海外進出をサポートする会社に舵をきっていく。

ターニング・ポイント

会社の業態は時代の変化に応じて新しく変えていく必要はあるが、リスクも伴う。溺れる寸前まで行った経験もある。

一九八一年の夏、取材で訪れたアメリカの書店で新鮮な刺激にであった。書棚には多種多様な雑誌が大きなスペースを取って並んでいるではないか。八〇年代前半、日本で月刊雑誌と云えば既婚女性の読む『主婦の友』、芸能娯楽の『平凡』や『明星』、子供を対象とした『少年』『少女』など読者対象は大まかに別れているだけであった。アメリカの書店に並ぶ雑誌は個人のライフスタイル別に細分されていた。例えばアパート暮らしの若いカップル向け、一人暮らしの女性向け、大家族で暮らす家族向け、田舎暮らしをしたい人向け、アウトドアでも車派、登山派、マリンスポーツ派、なかには体重百キロを超える人、お酒の好きな人、年収一千万以上の人、と読者対象を明確に絞り込んである。それは当時のアメリカの豊かさの象徴だった。

日本にもやがてこのような雑誌が書店に並ぶ日がくるはずだ。これらの雑誌には企業の商品開発や新規事業のヒントがある。なによりもわたしが読んでみたい。

帰国するやいなや動き出した。まず西海岸の知合いの会社からアメリカで毎月発行される雑誌を五十冊から七十冊航空便で送ってもらう。

翻訳スタッフが内容を読んで二行から五行ぐらいに要約する。記事を「健康」「教育」「マネー」「娯楽」などの十二項目にあてはめてインデックスをつけて三十ページほどの冊子にする。会費は年間二十四万円の一括払い。キャッチコピーは「アメリカの主要雑誌の内容が一か月後に日本語でわかる」。

新事業はベンチャービジネスと囃され経済誌や業界紙に取り上げられた。毎日のように会員申込みや問い合わせが入る。

しかし、三年目あたりから事業の資金繰りが苦しくなり出す。

会員制ビジネスの恐ろしさを知った。会員というものは永久に増え続けるものではない。まして情報という目に見えない商品は余裕のある大手企業か、情報を二次加工できる媒体会社以外にはすぐに役立つものではない。日本の場合、それが二百社前後であることがわかった。右肩上がりで伸びた会員数もピタリと止まった。

しかし、前金を集めた以上発行を止めるわけにいかない。前金は数か月でショートする、どうするか。事業が行き詰まった中小企業の経営者が自殺する記事やドラマをみるが、その心境がわかる。自殺したら保険金が入るから、それで使ってしまった前金を会員に返済するか、いや自殺じゃ保険金下りないか、などと発行作業を続けながら出口のない闇に引き込まれていく。新規会員募集は中止、一方では事業の引受け先も探していた。資金がショートする直前、事業に興味を持つ某テレビ局の関連会社がそのまま引継ぎ、わが社は製作費をもらって下請けとして続けることになった。

引き継いだ関連会社も三年後に事業から撤退したが、親会社が大手テレビ局であり引継いだ件の会社にとって一つの部門を整理した程度の日常茶飯事のことだった。

経営というものの「深さ」と「恐ろしさ」を知る。と同時に得たものは大きかった。「失敗」体験は「成功」への養分だということも後のち身をもって味わう最初の経験だった。

九〇年代になるとアメリカはコンピュータ社会に変わりつつあり、紙媒体の情報から新たな情報ツールへの開発が加速化してきていた。日本ではアメリカの豊かさへの憧れが覚め、バブルははじける頂点に向かって疾走していく。

事業の挫折から、わたしは自分の目指す仕事や会社のカタチを考えるようになる。自分らしい仕事のスタイルと会社のあり方を求めはじめた。時代に乗れば会社を大きくすることは難しいことではない。が、多くの人を雇用し、事業を拡張していくことには魅力を感じなかった。それはわたしのスタイルではない、とはっきり掴んだ時から迷いはなくなる。

（一九七〇年代の四年生大卒女性の就職状況、社長になった経緯はこのくらいにしておく。）

話をモスクワ大学ビジネススクールの教室に戻す。

熱心に聞き入るロシア人受講生に向かい、最後に付け加えたのは「仕事ほど面白い遊びってないかもしれない。自分らしい仕事スタイルを描き、あるいは自分の人生と社会との関わりのなかでどう在るべきかつねに考えて皆さんのビジネスを築いてください」という言葉だった。

午後の講義はビジネス上のコミュニケーションの話。こちらも本題の目的とはかなり違ってしまう。各人がビジネス上でのコミュニケーション能力を高める目的で日本企業の人材教育部署でとり入れられている自己分析の一つを紹介した。

もとはアメリカで精神病患者の治療として研究された「交流分析」という専門理論であるが、日本では企業のコミュニケーションツールとして取り入れられている。

組織のなかで人間関係を上手く築くことができれば、大抵の仕事は円滑に進めることができる。職場の悩みや仕事の成果が上がらない大半の原因は人間関係だ。解決の入り口としてまず、幼いときの体験や環境から身についてしまっているコミュニケーションのクセを知るために自己分析が必要だ。心理学の臨床実験データから作成された交流分析テストを日本語からロシア語に訳したものを用意していた。質問は七十項目ある。微妙な心理を引き出す質問であるため翻訳は日本人、ロシア人の数人であたってもらい、日本語の質問のニュアンスが伝わるよう翻訳作業は苦心した。

各回答には点数がついており、最後に合計し、あらかじめ分類された項目の点数表に書き写し、線で結んでいくとグラフができあがる。当然、各人のグラフの波形は違う。その波形が本人のコミュニケーションのタイプを表す。

波形を分析すればリーダータイプか、秘書タイプか、父性的か母性的かもわかる。

つまり、秘書タイプの人がそのままリーダーの役職についたら本人も苦しむし、周囲も戸惑う。あるチームで仕事を進めるとき、リーダータイプの人だけが集まってもなかなか難しい。

おおよその説明をあらかじめして、質問用紙を配り始めると教室の後ろで聞いていた校長もビデオカメラを回していた秘書のカーチャや通訳のセルゲイも自分の仕事を放棄して質問用紙にペンを走らせる。

やがて受講生各人の性格がグラフ化されてくると、首をかしげる人、深刻にうつむいてしまう人、もう一度最初から回答を考え直す人、と教室の空気が固まってくる。

日本で同じ講義で同じ性格テストをしても、周囲の人とグラフを比べたりして教室はざわめくが、ここまで深刻にはならない。

ロシア人受講生たちは自分の性格を客観的に覗き見たことに衝撃を受けたようで、意識下の自分の性格に自問自答している。

講義は各自のタイプを分析して、解説しながらタイプ別のコミュニケーションの取り方へとすすめていくものだが、教室は一人一人の性格相談になってしまう。

「仕事はチームワークであり、チームワークが上手くとれて成果につながる」なんていう説は、自由主義経済になって三年と半年ではまだ早すぎるのかもしれない。

この国は、指令する者と指令に従う者だけで七十年間動いてきたのだ。

勇んで日本から持ち込んだテキストと目の前の受講生との溝を痛感した。

ともあれ、ビジネススクールの校長と約束した講義を終えた。

後日、校長から交流分析の性格テストは面白かったから、今後、ビジネススクールの教材として取り入れたいと申し出があった。

帰国後、テスト開発の大学研究者にその旨を伝えたところ、しばらくして回答があった。著作権をもつ研究者は五人いて、足並みが揃わないから残念ながらという断りであった。

コミュニケーション研究者間のコミュニケーションを先ずは解決してもらいたいものだと思う。

半年後、モスクワの経済大学から同じ講義の要請があり再び訪ロすることになった。ビジネス関係の大学のなかでは徐々に実践的な自由主義経済のサービスやコミュニケーションを参考にしようという機運が生まれつつあったのだろう。

後にビジネスパートナーとなるタチアーナ・ナウーモヴァに尋ねたことがある。

「ロシア人は優秀な学生とそうでない学生、金持ちとそうでない人、権力者と権力に従う人、気候も酷暑の夏と厳寒の冬。あなたたちの国にはほどほどのおだやかな中間というものがない。日本では家庭の所得層も中流イコール一般多数をしめているけど、ロシアってすべて両極端に分かれると思わない?」

それに対する彼女の答え。

「中間にいるなんて落ち着かないよ! 上か下か、右か左か、内か外か、最初からどちらかに属していた方が楽でしょ」

社会主義国家だったソ連には、表面的には階層はなかった。

原則、皆平等だから自分がどの階層に属するかなんていう欧米流の意識はない。が、結果、共産党幹部の家に生まれるか、そのコネを持つ者と一般の国民という膠着した階級社会を生み出していた。

それでもクーデターから五年も経ると、若い夫婦には中流意識が芽生えてきている。

八月も中旬を過ぎ、セーターが恋しくなる日もある。

帰国まで五日を余す頃、ライサ先生からのお誘いの電話。

「娘のアパートで孫のナージャの誕生会をするので招待したい」と云う。

ライサ先生夫妻と娘イリーナ夫妻、そのご両親、ナージャの家庭教師とライサ先生の職場の親しい友人の内輪の会だという。

三十代夫婦の家庭はどんなものかと興味もあり、お誘いを受けた。

ナージャのおみやげにバナナの一房をかかえ、ライサ先生のアパートに立ち寄り、先生とご主人のスラーバさんと一緒に地下鉄駅に向かう。彼らもそれぞれに孫娘へのプレゼントの包みをかかえている。六十歳代の半ばでも夫婦仲は傍目にもいい。といっても喋っているのはライサ先生でスラーバは居間のソファでウォッカ片手に寝そべっている。ライサ先生が話す合間に相づちをうち、ときどき質問したり、意見を云う機会が与えられる。

道中、スラーバがライサ先生に尋ねる。

「ナカオは夏になんで黒い帽子をかぶっているのかね？　白い帽子もってないのかい？」

すかさずライサ先生が答える。

「あれはお洒落なのよ。わたしも黒い帽子ほしいけど。夏になると市場では帽子も、服も、靴もみんな白っぽいものだらけ、冬には黒っぽいものばかりでつまらない。今度ナカオに黒い生地に白い小花をプリントした夏の生地を日本で買ってきてもらおうと思っているよ」スラーバはそれ以上質問しない。わたしは彼女が望む生地を探す仕事が増えたことを思いつつ、自由主義社会だってお金を払えば希望のものが手に入るとは限らないことをどう伝えるべきか考える。

三年後、スラーバは酒の飲み過ぎが原因だろうか、あっけなく亡くなった。

後にわたしは出張のたび、一人暮しになったライサ先生宅の一部屋を使わせてもらう生活が七年続いた。

娘夫婦の地下鉄の最寄駅にはイリーナのご主人がソ連製の車ジグリで迎えに来ていた。軍に勤めているとのこと、ライサ先生のご主人も軍人だから、その関係で二人は結婚したのだろう。

九四年当時、外車を乗り回しているのは富裕層かアッパーミドル層だ。車を持たない市民が大多数のなかで、国産車とはいえ車を所有しているというのは典型的な中流であろう。共働き夫婦に子供一人。イリーナはスマートで美人、服装も料理のセンスも、おまけに性格も控え目でライサ先生のように口喧しくもお節介でもない。ライサ先生はどうも娘の夫の両親を気に入っていない。

表面的にはそつなく挨拶を交わしているが、態度がよそよそしくこわばっている。誕生会を口実に娘や孫に会えるので、テンションがあがっているのがわかる。

イリーナ夫婦のアパートは２ＤＫ。六〇平米ほどでキッチンを兼ねた食堂と子供部屋、夫婦の寝室だ。今日は夫婦の寝室のベッドを壁に立てかけ、カーテンで覆っている。部屋いっぱいのテーブルや椅子は寄せ集めだが、これもコーディネイトされた色合いの布で覆ってあるため、寝室はおしゃれなパーティールームに変えられている。

訪問の時間が早すぎたため、イリーナはまだ料理の真っ最中、ライサ先生も手伝う。彼女の声のほうが賑やかだ。

スラーバとイリーナのご主人、彼の両親はパーティ用の部屋で待つ。

わたしは孫のナージャと子供部屋で待つことにした。

一人娘、十歳のナージャの部屋は共働きの夫婦とそれぞれの両親、つまり六つの財布からのインカムを象徴している。新品の自転車、中古のピアノ、天井からは運動用の縄網の梯子、学習道具や縫いぐるみで溢れ、部屋そのものが小さな遊園地。隣の夫婦の寝室より広いではないか。

「これは何？」

「これはどう使うの？」

矢継ぎ早に質問していると、時計を見てナージャが壁に掛けてあるレースの白いワンピースに着替え始めた。金髪の頭にリボンを飾る手伝いをしているとドアがノックされ、普段着から着替えたノースリーブ・ロングドレスのイリーナと軍服姿のご主人がにこやかに迎えてくれた。

「どうぞ、支度ができましたから」イリーナの白い肌に水色のドレスが似合う。一瞬ドアの枠が、若い夫婦の絵画の額縁のように見える見事な演出。

ライサ先生やご主人の母親も、スパンコールのセーターにアクセサリーを着け、めいっぱいお洒落をしている。招かれた女性客も胸のあいたドレス。

わたしだけが普段着。外国人、それも学生の身分だから許してもらおう。まさかこれほど大袈裟だとは思わなかった。

たかが十歳の女の子の誕生会、しかも肝心の本人と同年代の子供が一人もいない。大人たちがこれほど張り切る理由は、「宴」そのものに人間関係や生活の大きな意味があるとしか思えない。

挨拶、乾杯、おしゃべり、また挨拶、乾杯、おしゃべりが続く。

ナージャはプーシキンの長い詩を朗々と諳んじて皆の喝采を浴びた。

小学生になったばかりの子供の頭にロシアの文豪の詩をたたき込む教育の良し悪しは別にして、大人になって日本人と理詰めで論戦する場合、日本人はすでに降参かもしれない。

ウォッカが効きすぎたのか眠気に襲われ、ナージャの部屋で休ませてもらう。二時間ぐらいは寝た。気づくと窓の外はすでに暗くなっている。

隣の部屋では、ミドルの宴が続いている。

ダスビダーニヤ（さようなら）モスクワ

ロシアの秋の訪れは早い。

八月の終わりになると風も、空気も変わる。

帰国の日、地平線まで広がる青い空は澄みわたり、色づき始めるまえの木々の葉が柔らかな日差しに輝いていた。

前日の夜遅くまでお世話になった人への挨拶や帰国に際して持ち帰る身の回り品、宿舎においていくもの、ロシア人からいただいたお土産品、仕分けした資料などをスーツケースに詰めることに奔走していた。

思えば大学の周りをゆっくりと散策する機会はなかった。

地下鉄駅への道、食料品買出しの市場への道をいつも大きな鞄と紙袋をかかえ時間に追われ、足元を気にしながら走っていたような気がする。

空港への車は午後二時ときいていた。

ポシェットだけを下げ、手ぶらで宿舎から雀が丘の展望台に向かった。

露天の土産物屋が並ぶ観光客の多い人混みを避け、大学の周りの白樺やリンゴの林を足の向くままに歩く。朝露を宿した木陰から樹木の香りがする陽の当たる道へとモスクワの空気を五感に刻むように歩を進める。

三十歳で大手建設メーカーを退職したが、新たな職場は見つからず、やむなく一人で事業をはじめた。さいわい海外向け資料の作成という業種は時代の波に乗った。それからは事業の継続と従業員や外注スタッフ、取引業者への支払いが日常の最優先になり、自転車をこぎ続けた。盆暮れ以外に連続休暇をとることはなかった。

創業二十五年を経て、二か月間のモスクワ滞在は人生最大のプレゼントだった。

明日からはまた東京の日常に戻る。

「ありがとうモスクワ！　さようならモスクワ！」

――あなたは再びモスクワへ、ロシアへ来るでしょう――木の葉のあいだからそんなささやきを聞いたような気がした。

空港への見送り人は二か月前の到着時と同じ、車の運転手を兼ねたスミルノフ助手だ。

秘書のカーチャは若くて美人で気が利くので研修生の間で人気があったが、スミルノフ氏については同じ校長の部下でも話題に上がった記憶はない。良くも悪くも存在感が薄く、彼に相談しても何も決まらないことは暗黙の了解になっていた。わたしの送迎も校長の指示だ。不満なのか仕事とわりきっているのか、考えていることがわからない男性だ。

空港への道の途中で突然車を止め、ある店のなかに入っていく。

紙袋をかかえて出てくると、わたしの膝にぽんとおいて云う。

「ちょっと遠回りだけどここの黒パンが一番美味しいのだよ。日本へのお土産」

――なんだ、案外いい奴だ。極端に内気、シャイなだけ――

組織のなかでは建前を通し黙しているが、自己主張、自己表現が溢れるほど強いロシア人。そんななかで、ときにはスミルノフ氏のように日本人と比べても極端に内気で恥ずかしがり屋がいる。ロシア人は性格においても中間、つまりほどほどに内気、ほどほどに無口という人はいないようだ。二か月間の贅沢な休暇であったが、なんとかこの国の未来と自分をつなぐ手がかりを探しあてたような気がする。

スーツケースに一冊の雑誌をしのばせてある。九三年創刊のロシアのライフスタイル誌『ダマヴォイ』である。町の書店で発見したときの驚きと期待は衝撃的だった。

アメリカに『タウンアンドカントリー』という六〇年代に年収一千万円以上の読者向けに発刊された月刊高級誌がある。レイアウトも余白部をたっぷりととり、紙質も写真も贅沢。とりあげる人物のライフスタイルと高級品の広告ページが魅力的である。雑誌から〝アメリカンドリーム〟が立ち昇ってくる。『ダマヴォイ』はロシア版『タウンアンドカントリー』だった。

ソ連崩壊が日本の終戦直後に例えられ、モノ不足と経済混迷が声高に報道されている時期に洗練された装丁と近未来の生活文化を謳うライフスタイル誌が、街角のキオスクやショッピングモールの書店で手にすることができる。

どのような雑誌が発刊されているか、雑誌はその国の時代の感性と未来の生活の先駆けである。『ダマヴォイ』はモスクワ市民の新生活に向かう指標だ。

『ダマヴォイ』からロシアの近未来の生活スタイルを予測することができる。九〇年代初めのモスクワはアメリカの六〇年代かもしれない。

十数年後の二〇〇〇年半ば『ダマヴォイ』は、次々と発行される派手な雑誌の陰で目立たなくなっているが、発刊当時の斬新な切り口と誌面構成は希有な輝きを放っていた。

車は二か月前、誰一人の知合いもなく期待と不安で降り立ったシェレメチェヴォ国際空港に着いた。照明は相変わらずぼんやりと暗かったが、その薄暗さでさえロシア的で懐かしく思える。

秋の気配の広がる空へ飛び立つアエロフロート機内で、わたしはいつしか眠りに落ちた。

第二章

先行投資

帰国してからもモスクワのことが気にかかる。夏の二か月の滞在で、知り合ったロシア人、日本人もいる。情報もある程度は得た。経験を思い出だけにしておくのは惜しい。

その後、三か月に一度視察と称してモスクワに出かけていた。三か月ごとでも街の様子は猛スピードで変化していく。

ある日、顧問会計事務所の先生が尋ねてきた。

「社長、たびたびモスクワへの旅費やホテル宿泊費の領収書が回ってきますが何ですか？　仕事と関係あるのですか？　該当する仕入れも売上げもないようですが」

「先行投資です！　まずは人脈づくりからね」と即座に答えた。

「それを云うのなら、ゴルフにでかけるのも銀座で遊ぶのも全部経費になりますよ。そんなこと認められないでしょう。単なる観光旅行であれば、ポケットマネーで行ってください」とクギをさされた。

かつてどこかの税務署の所長をしていたという顧問会計士の先生は税務署の査察官の立場がでてしまうようだ。

とはいえ、弱い点を指摘された。

これ以上、モスクワ通いをするにはどうしても仕入れと売上げが必要。

浅草橋や馬喰町の問屋街で買い求めた雑貨やアクセサリーをサンプルとして持ち込んで知り合ったロシア人の反応を試していたところ、思わぬところから最初のビジネスのきっかけが転がり込んできた。

香港、中国で手広くビジネスをしている知合いがわたしの出張時、モスクワに同行した。彼女がロシア人へのお土産として日本のアートフラワーを持ち込んだところ、思いのほか好評でロシア人たちは競うように手にし、感嘆の声をあげた。

倍々ゲームで物価が上がる苦しい生活のなかでも地下鉄の出入り口には必ず露天の花屋が店開きしている。花はロシア人が一番喜ぶプレゼントだが、冬になると入手しにくくなるし、値段も高騰する。せっかく買っても集中暖房の効いた乾燥した住宅で生花は日持ちしない。

——日本のアートフラワーはロシアでいけるかも——

友人も同時に閃いたようだ。

日本のアートフラワーの大部分は中国で製造され、香港から日本の港へ輸送されるというのがルートであった。日本向けは日本企業が投資している中国のかぎられた工場で日本人により厳重に管理され、すべて日本に送られる。

中国で製造されても日本でしか手に入らないように流通も管理されている。

貿易取引であるから注文には数百本、数千本単位と最低の箱数が決められている。例えば白いバラ二千本、赤のカーネーション二千本という具合。しかし同じサイズ、色、種類ばかりでは花束や店先の飾りにならない。リアルにアレンジするには数十種類の花だけでなく枝ものや葉ものが必要。となるとコンテナ一本の出荷となる。

交渉の末、香港から日本に船積みされる一部をヘルシンキ経由モスクワ向けに融通してもらうというかなり強引な要望を叶えた。

半年後、日本人のデザイン、日本の素材、製造は中国というアートフラワーはロシアへデビューすることになった。

モスクワでも安いビニール製の「ホンコンフラワー」は出回っていたが、遠目にも作り物であることがわかるし、植物の感触はなくゴムの匂いのする花のカタチをした造形物だ。

モスクワっ子に本物と見違うほどの日本の技と素材のアートフラワーを見てもらいたい。手にしたときの彼らの驚嘆の声が聞こえるようだ。

取りあえずのモスクワでの売り先は日系企業に決まった。ロシア企業ではないのだからリスクはない。いざとなれば日本の本社と話し合えば、資金回収の心配もない、という前提は後々大きく崩れるのであるが、その時は想定もしなかった。

通関や輸送費を計算すると最初の仕入れ価格は押さえたところで二百万円を超えてしまう。

銀行や公的機関に借り入れを相談しても「あの、ロシアへ」と即座に反対されるだろうから申請書類を出すだけ時間の無駄。

売り先の日系企業からは条件がだされていた。

一括買い入れることは了解だが、現地で販売指導する人材がいないので当初はわたしが現地販売員の養成と営業活動の顧問になるという条件だ。

仕入れ先の人間が売り先会社の販売顧問になるとは不可思議な話であるが、日系企業の見本市や大使館のメンテナンスなどを受託していた企業にとって数か月に一回の数百万の取引は大して気にしていなかった。日本製アートフラワーの取扱いは広告宣伝の一環に使えるという読みもあったのだろう。

しかし、わが社のような零細企業にとっては数百万の投資は考えどころである。が、投資しなければ先には進まない。

創業して二十数年、わずかな内部留保をはたくことにする。

そして意を決した。五年間、一千万円まで投資してロシアビジネスの目処がたたなければ、ロシアもロシアビジネスもきっぱり諦めようと。ロシアビジネスというよりロシアンルーレットのギャンブラーの心境だ。引き返す地点を定めると、あとは前へ進むだけ。

その頃、日ロのビジネスは統計的には最低だった。

ロシアへ商品を送っても途中で無くなる。税関で抜き取られる。お金がもらえない。などなど。やる気をそぐような風評が広がっている。

「本当にそうなのか？　試してみよう」自分で確かめないと信じられないやっかいな性格だ。

アートフラワーを輸出していた三年間、許容範囲内のささいなトラブルはあったものの貨物が行方不明になってしまったなどという問題は一度もなかった。そもそも風評を素直に信じていたらロシアビジネスに手を出さなかった。

しかし後述するように別なところで問題が起こる。

その前にモスクワアートフラワービジネスを巡るいくつかのエピソードを紹介しよう。どれも一九九〇年代半ばのモスクワの世相を反映している。

交渉成立

交渉人はわたしではない。

出勤すると通訳兼アシスタントのアレクセイが相変わらずの深刻顔で席に着いている。今朝は一層深刻そうにため息までつく。三十代そこそこであたまは見事につるりと光り、頭髪は耳の後ろあたりから後方にわずかに残っているだけ。深刻な顔といい、度の強いメガネを掛けてヒョロリとした風貌は大学の研究室のほうがふさわしい。

何故日本語の通訳になったか聞いたことがある。

もともとは病院に勤める医者だった。たしかに聴診器をかけて患者を診察している姿は想像に難くない。が、クーデターで安定した生活は崩れ、病院は経営難で給料も出ない。彼は手っ取り早く収入を得る道を考えた。

そして日本企業に勤めるため三年間日本語の猛勉強をした。日本に興味があるとか、知合いがいるということでもなく、来日したこともない。生活の糧を得るためだけに希少価値のある日本語を選択した。

努力は実り、日系企業の現地法人、つまり現在の会社に通訳として雇用された。日本語でのコミュニケーションは全く問題ない。わずか数年足らず、テキストだけでモノにした日本語能力に脱帽だ。

医者から日本語通訳への転身は見事成功。彼の後頭部の輝きを見るたび、中に詰まっている重量を推し量ってしまう。

仕事の打合せをはじめようとわたしが口を開きかける先に、彼の方から近づいてきた。

「申し訳ありませんが、二百ドル貸してください。今日の午前中は休ませてください」と訴える。

「どうして、何かあったの」

「実は、通勤途中で鞄を盗まれました」

「お金、いくら入っていたの」

「いいえ、お金は入っていません。小銭はポケットに持っているので」

アレクセイがいつもかなりくたびれた黒皮の鞄をかかえていることを思い出した。

「愛着あるかもしれないけど、諦めたら」

彼はうつむいたまま。

「そうだ、新品をプレゼントするよ」と提案した。

近くのキオスクや露天市場で似たような鞄はいくらでも売っている。二百ドルどころかせいぜい二十ドルぐらいだ。

「いいえ、実は……」

「何？」

「鞄の中にアパートの権利書を入れてあったのです。さきほど鞄を拾ったという人から電話がありました。オスタンキノ公園の入り口で待っている。二百ドルで渡そうと云われました」

「それって犯罪よ！　警察に行こう。拾ったんじゃなくて、その電話、盗んだ本人かも」

「そうかもしれません」

アレクセイはわたしの推測に驚きもしない。

「警察に告げても解決しませんよ。いろんな書類を書かされて余計面倒になるだけ。権利書は永久に手に入れることはできません」

確信をもって云う。

「家の権利書なんて、いつも持ち歩いているの」

「家に置いておくのは留守中に盗難に遭う恐れがあり、危ないのです。自分で持っているのが一番の安全です」

しかし、それをスラれてしまっては元も子もない。意気消沈しているアレクセイに二百ドルを渡す。

昼過ぎ、見慣れた鞄を手に彼は会社に帰ってきた。要求通り応じたのだから交渉は成立したのだ。

相手も鞄の中身を検め、日系企業に勤務している名刺から二百ドルが妥当という金額をはじいたのだろう。

お互い「あ、うん」の呼吸である。

当時のアレクセイの月給は五百ドル、その後、給料日ごとに五十ドルずつ返済してきた。

医者をやめて企業で働くということはアレクセイにとっては不本意な事だったろうと思う。仕事に身が入っていないことはわかる。しかし彼はそれを悟られまいと努めていたし、今の職場が生活の糧を得る唯一の場所であることを自らにいいかきかせているようだ。時々、ぼんやりと別の世界をさまよっている。通勤途中、スリに狙われるのもむべなるかな。

職場でも人がいいので、なんでも引き受けてしまい、結局、どの仕事も中途半端でけっこう怒鳴られていた。

しかし底抜けに、半端でなく人がいい。

仕事のパートナーとしては不満もあったが、三年間モスクワを駆け巡り、アートフラワービジネスを彼と二人三脚でやってきたことは忘れがたい。

アートフラワー販売スタート

アレクセイの他に、アートフラワービジネスのために件の日系企業は新たに五人のロシア人女性を雇い入れた。マネージャーのオリガ、デザイナーのイリーナ、営業のマリアと彼女のアシスタント二名だ。

オリガは三十歳のシングルマザー、モスクワ大学滞在時に知り合った女性で当時はカナダからニット製品を輸入している会社に勤めていた。よく気がついて人脈も広い。何かの時に彼女と仕事をしてもいいかも、と密かに当たりをつけていたので、真っ先に声をかけた。他のスタッフは彼女が見つけてきた。

後にわかったことであるが、スタッフの一人は彼女の実の妹だった。美人で派手なオリガに比べ、服装も性格も地味だったのでオリガがクビになるまで周りは誰も知らなかった。

日系企業の新規事業、アートフラワー販売の責任者としてオリガは自ら月刊販売達成数字を示し、給料七百ドルを条件に意気揚々と乗りこんできた。

まだ本格的に販売もはじめていないのにあれほど高飛車にでないほうが身のためではないかと思うが、自信に溢れたオリガは忠告してもきかないだろう。

案の定、掲げた売上げ数字の半分も達成できず、宣伝広告費をやたら使い、日本人現地社長に指摘され、一年を経ずして会社を去ることとなった。

無口な妹のほうは云われたことを黙々とこなし、その後も働き続けていた。容貌、性格の違う姉妹は珍しくないが、二人は違いすぎる。

ロシア人は性格でも両極端、内向タイプと外交タイプに分かれるが、オリガ姉妹はわかりやすかった。

さて、わたしは二か月に一度出張して、販売の助言をする顧問の立場であるが、ビジネスを最初から作り上げる方法も営業の経験もないスタッフの指揮官にならざるをえなかった。

突然アレクセイやマネージャーのオリガを含め、六人の部下を持ったようなもの。

先ずは、日本のアートフラワーのお披露目をどうするか。

日本製素材の品質は一目見ればわかるが、値段もそれなりで購入者は限られる。輸入先の社長と相談して外資系ホテルの宴会場を一日借り切って展示、即売会を開催することにした。

モスクワ中心部に一気に広めようというもの。

クレムリンから放射状に広がるメインストリートを五つのブロックに分けて、通り沿いのレストラン、カフェ、ホテル、美容サロン、宝飾店などインテリアとしてフラワーアレンジメントを飾ることに適した建物を片端から訪問することにした。

期間は展示即売会前の一週間と区切り、常勤のスタッフに加え八名のアルバイトを雇い入れた。彼女たちの仕事の成果を明確にアルバイト料に反映させる。

つまり、

一、訪問先の経営者か責任者に会って招待状を渡し、相手の名刺をもらえたらプラス三ドル。

二、展示即売会当日、名刺をもらった本人か、代わりの人が来訪したらプラス十ドル。

三、さらに来訪者が会場で商品を購入、あるいは注文したらプラス売上金の一〇%。

一日のアルバイト料十ドルに最大でプラス数十ドルの上乗せができる仕組みにした。

これは好評で、他の従業員からも勤務時間外に手伝いたい、家族に手伝わせたいと申し込みがあったが、誰でもいいというわけにはいかない。

訪問販売員にはアルバイトとはいえ商品知識の特訓をし、服装は手持ちの白のブラウスに黒のスカートかパンツを着用してもらう。販売員のイメージは大切だ。社名の入った名刺、展示会の招待状、アンケート用紙をかかえモスクワの大通りや、小洒落た店が並ぶ小径に二人一組で出発させた。

バラ売りだと一本一ドルから五ドルぐらい。が、利益は花束や花入れにいれて店頭に飾るアレンジメント商品が桁違いに大きい。

欧米のアレンジメント商品と差別化するため日本の感性を生かしたい。商品作りの指導に東京から知合いのフラワーアレンジメントのデザイナーに来てもらった。

モスクワでは生け花が盛んで、常駐している日本人の池坊の先生や生徒さんに協力を仰ぐ。突貫工事なみのスピードで展示会当日までに二百平方メートルの会場を埋め尽くす商品が出来上がった。

当日、会場設営班は夜明け前から機材の搬入を始め、職人さんたちが流れるように作業をこなしていた。指揮にあたる監督澤田氏が会場のど真ん中に仁王立ちでロシア人労働者の動きをチェックしていく。日系企業に勤めている労働者は給料も良いだろうが、時間通りに仕事をこなす厳しさは知っている。現場の日本人たちが苦い飴としなやかな鞭で教育した結果だ。

規定のバイト料プラス成果ごとのニンジンをつり下げたローラー作戦も功を奏して展示会当日、入場時間の十時前には行列ができていた。

——はじめてロシアに輸入された日本のアートフラワー——というキャッチフレーズはモスクワの主なホテル、レストラン、美容サロン、ブティックなどになんとか浸透していた。

展示会一日の売上げは日本円にして百万円近かった。その額がどれほどのことなのかわからないが、日本人ボスや現地駐在員たちは一応胸をなでおろした。

戦いすんで日は暮れて——会社の作業現場に戻ってみると、床一面に花びらや葉っぱのついた茎が散らばっている。

明朝、掃除のおばさんがゴミ箱に捨ててしまうか、家に持ち帰ってしまうだろう。

ドアに「入室禁止、掃除不要」の張り紙をして鍵をかけた。

床に散らばった残骸は、集めてアレンジし直せば数十個の商品ができ、数千ドルのお金になることを新米のロシア人従業員に教えていかねば……。なによりも作業が終了したらデスクでも現場でも片付けをして帰ることをもう一度声を大にして云おう。

「出したままにしておけば次の日すぐに仕事にかかれるでしょ」と云う彼女たちの屁理屈に負けてはい

けない。

創造性とオリジナリティ

現場作業中、休憩と昼食をかねてロシア人たちと軽食喫茶に入る。

仕事の都合で三十分しか時間がとれない。わかっているのに注文を聞きに来たウエイトレスにあれこれ質問したり、注文を変えたりと決まらない。六人いたら前菜からメイン料理から食後の飲み物まで全員の注文が違う。

コックは一人しかいない小さな食堂である。

「しまった、メニューは見せないでわたしが先に決めておくべきだった」

レストランでの注文だけでない。時間に制限のあるときは、ロシア人たちの選択に任せてはいけない。

彼らは選択肢があるときは他人と同じモノを選びたくない。あの人がAを選んだのなら、Aを避けてBにする。Cはまだ誰も注文していないからCでいく。というふうに他人の選択したもののマネはしたくないから、だれも選ばないものを選ぼうとする。

日本人だったらコックが一人しかいない、次の仕事がおしているなど状況を判断して、注文は無理のない簡単なものにするし、飲み物も二種類ぐらいのどちらかにする。

たかがランチじゃないか。しかしロシア人にとって、されどランチである。

案の定、食事は三十分どころか一時間を超えていた。誰も気にしない。内心焦っているのはわたしだけ。

「ナカオさん、そんなに怒らないで、大丈夫よ」と諭され、大概のことは時間通りに進んでいかない。新人スタッフへの教育が追いつくまえに疲れてしまう。

日本から仕入れた大中小の籠に花を生け込んだアレンジメントを作らせる。日本人のデザイナーが作ったサンプルを目の前において、同じモノを作るように指示する。

籠の大きさで値段も十ドル、二十ドル、三十ドルと変えてある。十ドルのモノが、二十ドルより豪華であってはおかしいのは当たり前だ。サンプルがあるのに、創造性を発揮してしまう。値段による差別化もできない。

アンナは三十ドルの大型の籠で作っているのに白い花と薄緑の葉しか使っていない。

「これ完成品？　値段にしては花の色も一色で寂しいじゃない」

「完成です。わたしはこんな感じが好きです」

「あなたが好きでも、お金出すほうはナターシャの作った二十ドルの籠の方が花の種類も色も鮮やかだから売れるでしょう」

「でも高くても、わたしの作品の方が好きで買う人はいるよ」と断言する。

ああ云えば、こう云うのがロシア人だ。

「売れ残ったら作り直してね」アンナにはそう告げた。

二日目の夕方、彼女の作品が売れた。アンナの鼻がいっそう上を向く。

あのような作品を作るほうも作るほうだが、それを買う人がいることにも驚きだ。好きだと思うと値段は二の次。だとしたらロシア市場は手ごわい。

商品にお得感をつけるため、期間限定のおまけをつけることにした。

郊外のホテルの売店でみた星座の彫金細工の小さなアクセサリーが気にいった。キャンペーン商品には最適だ。早速、件のホテルを訪ねて制作者を紹介してもらう。

ホテルでは制作者の家族からの依頼で委託販売しているとのこと。

制作者の家は住宅街から離れた野菜畑の中の木造家屋。日本でいえば田舎の土間にあたるスペースがアトリエらしい。床には彼の作品らしい銅板をくり貫きねじ曲げた動物や人間、風景を写した大小の銅板が壁を埋め尽くしている。

アトリエの中央で顎ヒゲの中年男性がひとり銅板を打っていた。昼下がりの静寂の中、カーンカーンという澄んだ金属音だけが辺りに響いていた。

ホテルの売店で買った星座を見せ、話しかけた。

「あなたの作品がとても気に入りました。お客さまにキャンペーンとして配りたいのでこれと同じもの、十二星座、それぞれ取りあえず五十個作ってください。その後も追加すると思いますが……」

彼にとっては朝飯前の作業であろうし、価格もホテルの売店と同じ価格を提示した。悪くない話と思う。ホテルの売店で売れているとも思えない。

男性は顔を上げて云った。

「同じモノを作れって？　できないね。わたしは一つひとつ違うモノをつくるのだよ。まあ、よほど生活に困ったら、そうするかもしれないけどね」

五百円玉大の銅板に星座を彫り込んだ作品が芸術作品か、アクセサリーなのかの判断はよしとして、見回したところアトリエをつぎ足した木造家屋は年期がはいり、奥の屋根や壁は崩れかけている。トイレは外のくみ取り式、台所も狭いし、家電製品も見当たらない。十分に生活に困っている状況にみえる。

売れない作品を作り続ける夫を支えるため、奥さんや娘さんは働きに出かけている、家族の収入が豊かでないことは一目瞭然。ふつうこのレベルでは、生活には苦労している部類に入るが、本人にも家族にもその認識はないようだ。

ホテルで買ったサンプルをポケットにしまい、銅板職人の家を後にした。

キャンペーン商品は、結局大量生産されたメイドインチャイナの舞妓さんのキーホルダーを浅草橋で仕入れた。

他人と同じ選択はしたくない。値段や中身よりも自分の好みを優先する。食べるに困らない限り大量生産の仕事は受けない。間違ってはいない。

しかし、このかたくななプライドと自我の強さゆえ、ロシア人は時にはいとおしいほど孤独にみえる。

賃貸アパート事情——何処に泊まる

東京、モスクワを行き来した最初の十年間に泊まり歩いた住居はモスクワ市内、八か所以上にのぼる。

一週間以内の滞在であればホテルを予約するが、一か月を超える滞在の場合は不自由さと経費の関係上、空いているアパートを借りるか、知合いを通じて紹介されたお宅にホームステイさせてもらう。知り合った日本人、ロシア人たちに声をかけておけば、難なく見つかる。借り主が仕事をしている日本人女性というとたいていオーケーとなる。

ロシア人の休暇は一月以上ある。そのあいだ彼らは旅行に出かけるか、ダーチャと呼ぶ田舎の別荘で過ごす。市内の空いた住宅は信用おける人に貸せば、休暇中に家賃収入が得られる。田舎の親戚の家に居候して、市街のアパートは一時的に貸したいという年金生活の老人夫婦もいる。借り手市場といえる。が、問題は物件の中身。

そもそもソ連時代、住居は国から供給されるものだから不動産会社なんて存在しなかった。人に貸すシステムがない。部屋がなんとか気に入って契約をしようとしたところ条件をだされる。

「飼っている二匹の猫はおいていくので、朝と晩に餌を与えてほしい」と云う。

床とソファに太った黒猫が寝そべっている。

「人にすぐ慣れて、おとなしいよ」と家主が一匹を抱き上げた。

――そういう問題じゃないでしょ！　ただでさえ古くて薄暗い部屋で夜、化け猫になったらどうする

――口からでかかる言葉を飲込み、賃貸契約はキャンセルした。

ソ連時代のアパートを借りる場合、鍵も問題だ。

エレベーターを降りるとタタミ二～三畳ぐらいのホールで左右に鉄柵のドア、まずこの鉄柵を鍵で開ける。と、さらに左右に廊下があり建物や間取りにより違うが、廊下に沿って窓なしの重たいドアが十

世帯ぐらい並ぶ。

エレベーターホールの鉄柵のドアはなんとか開くが、住居のドアはくせ者で、コツがいる。コツをつかむまでは苦労する。

あるとき、初めての住居で日中家主に鍵を渡され、仕事の都合で夜十一時頃、タクシーで帰宅した。鍵は二つついている。家主に鍵の使い方を説明されたときは数回ガチャガチャやって開いたのに、どうやっても開かない。鍵穴の差込みや、力加減を工夫してみるがドアはうんともすんとも反応しない。
二、三十分たって諦めた。
最後の手段、深夜であるが隣のドアの呼び鈴を押す。

人がドアの内側に近づく気配がする。

「夜分すみません、今日隣の部屋を借りた日本人です。鍵が開かないので家主に連絡したいのですが、電話を貸してください」

ドアが開き、老年の男性がパジャマにガウンをひっかけて立っていた。その後ろから同じ年頃の女性も不機嫌そうな顔を覗かせている。それでも家主が車で駆けつける間、ダイニングの電灯を点け、無言で椅子を進めてくれた。

鍵は家主の持ってきた鍵でなん無く開いた。しばらく使っていなかった合鍵に不具合が生じたらしい。

これは住居の中に入れなかった例であるが、部屋から出られなかったこともある。

仕事場の近くに取引先の会社があらかじめ借りてくれたアパートに空港から直行した。貸し主は石油会社の幹部とかで投資用に買ったアパートだ。

出迎えの運転手に案内され、部屋を見回したところ、古いけれどこざっぱりしている。トイレ、浴室、台所の水道とお湯の出方を確認。水回りが問題なければ二十日ほどの滞在では十分とする。十時間以上の旅、日本時間では深夜を回っている時間帯だ。

運転手から鍵を受け取ると、簡単にシャワーを浴びてベッドに倒れ込む。

翌朝、身支度を調え、さて、出勤と昨晩施錠した上下のドアに鍵を差し込んだが、上は外れても下の鍵が右にも左にも動かない。昨晩は疲れて頭がぼんやりしていたし、見たところ手入れが行き届いた部屋なので鍵の具合を確認していなかった。会社での打合せ時間が迫ってくる。

最後の手段、会社に電話する。

「すみません、鍵が不具合で部屋からでられません。運転手さんにアパートに来てもらえませんか。鍵をテラスから投げますから、外から開けてみてください。外からだと開くはずです」

この国では度々とは云わないけれど、こんなトラブルは珍しいことではない。遅れて打合せに顔を出したが「大変だったね」という同情の声はかからない。鍵は結局、上下のうち下は故障していたらしい。上だけを使用するようにと顔を出した家主に云われた。

「ごめんなさい」とか「一泊分はお詫びですから支払わなくていいです」なんて謝罪を期待しては、この国ではやっていけない。

鍵と同様に注意しなければいけないのはエレベーターだ。なるべく一人で乗らないようにするか、不安を感じたら階段を歩く。故障中か修理中の場合が多い。乗っている途中で故障になることが一番恐ろしい。電気が消えたり、ガタンという音がするたび肝を冷やす。

別の階の住人と乗り合わせて四十分ほど閉じ込められたことがある。故障に気づいた他の住人がどこかに連絡し、作業服姿の修理屋さんが駆けつけたが、修理し終えるまで同乗した住人は慌てもせず本を読んでいた。

飛行機も遅れる、列車も遅れる、エレベーターは途中で止まる。そのためいつ何時もバッグには本を入れておくことが肝心。

事実は小説よりも

ノボジェビッチ修道院の近くに「ピロスマニ」という有名なグルジア（現ジョージア）レストランがある。

ここのオーナーと親しくなった経緯を話せば長くなる。発端はやはり賃貸住宅事情からだ。モスクワに来て一週間、ホテル暮らしも不便になってくる。

そんなとき、日本の知人から彼女と交友のあるロシアの歴史学者の奥さんの知人が一月ぐらい留守にするので部屋を貸してもいいとの情報が入る。

環状線の駅から徒歩十分とのこと。日本の知人は某学会の事務局長をしていて、その関係で内外の研究者との交流が多い。ロシアで行動する場合、誰の紹介か、どのルートからかということはリスクを回避するために大変重要である。

部屋を下見してから、なんて悠長に構えている時間はない。部屋が空くという当日、学者の奥さんとその知合いの家主と待ち合わせて部屋に案内してもらい、鍵も受け取る段取りをした。ホテルを引き払いスーツケースを下げて会社へ、ランチの時間に社有車にスーツケースを乗せて約束の場所に行く。決められた地下鉄出入り口に三十分、日本人女性は目立つはずだ。

一時間待っても待ち合わせした人たちは見当たらない。まだ携帯の時代ではない。午後の仕事の約束の時間も追っていたので、諦めて会社に引き返した。

――今夜どうする――ということも頭をよぎるが、深く考える暇もなく仕事に追われていると帰社の時間になり、ロシア人スタッフは帰りはじめる。

――仕方ない。滞在していたホテルに戻るか。もし満室だったら会社に戻り鍵を内側から掛けてしまえばいい。幸い社長室にはベッド代わりになるソファがあるし――疲れた頭で考えを巡らしているとき知らない日本人女性から電話が入る。

「もしもし、ナカオさんですか。わたしはワタナベと申します。今日、ナカオさんが待ち合わせされたご婦人の隣に住んでいます。先ほど彼女から相談されました。昼に駅で家主さんと待っていたのですが、ナカオさんに会えなかったそうで心配しています」

「わたしも一時間以上待っていたのですが……」

「行き違いがあったのでしょうね。ところでひと月ほど宿泊できるお部屋を探していらっしゃるとのことですが、良かったらわたしのアパートへいらっしゃいませんか」

このような展開では即判断し、流れに乗る方だ。

今宵の宿が決まらないで帰りづらかった運転手さんとワタナベさんの住所を確認して再び車にスーツケースを載せ、彼女のアパートへ向かった。

モスクワの南西部で会社からは一時間くらいかかる。到着時間を予想して薄暗い木立の中から二十代後半と覚しきポニーテールの女性が現れた。

既に時計は八時を回っていた。

ワタナベさんのご主人は有名な日本企業の商社マンだったが、日本に一時帰国中に交通事故で亡くなってしまう。ワタナベさんとまだ一歳の娘がモスクワに残されたが、ワタナベさんは日本に帰国しなかった。

家族三人、モスクワで暮らすことをご主人と約束していたのだ。

「娘とモスクワで生きていきたいの。でも娘を育てるためには仕事を見つけなきゃと一時的に娘を日本の両親に預けているのです。わたし、何の知識もなくロシアにきたけど、日本よりこちらの方が生きやすいの」

彼女とひと月近く暮らすうちにわかってきた。

ワタナベさん、前後左右上下斜めと、忖度の日本ではさぞ窮屈だったろう。

といってもわたしは仕事で日中家にいないし、朝食を二人でとるぐらいだったが、あるときワタナベさんが、

「ピロスマニに食事に行きましょう。グルジアワインもいっぱいあるし」と誘ってきた。

「お世話になっているお礼もしなきゃ、ご馳走するわ」

「いいの、あそこはいつでもわたしはただで好きなだけ食べたり、飲んだり出来るの。もちろん、わたしが誘う友達もね。オーナーがいなくても従業員にはオーナーが伝えてあるから」

「ピロスマニ」といえば九六年当時、海外の著名人も立ち寄るグルジア料理の有名店で安くはない。

ワタナベさんはロシア語も勉強中だが、フランス語の学校にも通っている。ピロスマニのオーナーとフランス語のクラスが同じ。レストランのオーナーだと自己紹介されたとき「そんな風に見えないよ」と云ってしまったらしい。そこで、じゃお店においでということに。ご馳走されている内に彼女としては店内の飾り付けや従業員のサービス態度が気になってきたため、オーナーに思ったことをずけずけ云い出した。ワタナベさんの実家は東京の東銀座あたりらしい。あの辺りのレストランと数年前まで社会主義だった国のレストランを比べる方が気の毒だが、そんなことはお構いなく、ああせい、こうせい、客商売はこれではダメとか食器のことまでとにかく意見を述べたらしい。

ご馳走されている身なのに。

しかしオーナーはそれがひどく気に入った。

「誰もそんなことは云ってくれない。従業員は大人しいだけだ。これからはここに来て気づいたことはなんでも云ってほしい。その代わり、いつでもここで好きなものを好きなだけ注文していいから」と云われた。

ワタナベさんの友人ということでわたしもご馳走に預かった次第である。

レストランピロスマニのオーナーは、ロシアの映画監督ニキータ・ミハルコフのクローン人間かと思うぐらい風貌が似ている。そのことをご本人に云うと「だろう」的なてれ笑い。今まで周囲から云われ続けてきたのだろう。ちなみに当時、雪の中で男女がタンゴを踊るラストシーンが印象的なミハルコフの作品「太陽に灼かれて」が世界的にヒットしていた。

オーナーに日本のアートフラワーをお礼にプレゼントしたところ、いたく気に入り、レストランの片隅のコーナーで販売してはというご提案。願ってもないこと。早速、数名のロシア人スタッフと店作りにかかり、デモンストレーション用の作品をアレンジしていると、通りかかった客がそのまま買い取りたいと申し出てきた。男性の背丈以上はあり、日本円で十五万円ぐらいの作品だ。

その後も金持ちの客が多いため、ピロスマニの販売コーナーではかなりの売上げをあげることができた。オーナー自身も家族や友人へのプレゼントとして月に七、八万円は購入してくれる。

家族といっても半端な人数ではない。

オーナーの誕生パーティに招待された。招待客はワタナベさんとわたしの二人を除けば身内のみの内輪の会である。

書き加えると店名「ピロスマニ」とはグルジアの有名画家の名前である。オーナー一族もグルジア出身者。

日本では死語になっている典型的男尊女卑の民族だ。グルジア出身でレストランビジネスを大成功させた家長は一族のカリスマとしてテーブルの中央で皇帝のごとく振る舞う。

脇にいる若いロシア人美女が近々四番目の妻の座につくらしい。三番目とは現在離婚調停中とかで、当然欠席。二番目に妻だった女性は再婚したロシア人男性と招待されていた。一番目の妻は出席していないが、オーナーとの間にできた娘が既に結婚していて、旦那と小学生くらいの女の子を連れてきていた。つまりオーナーの孫だ。オーナーはこの孫が可愛くて仕方ないようで孫に注ぐ彼の視線がまるで天使を眺めるように優しく穏やかになる。

好きな女性が現れるたびに結婚、離婚を繰り返していく。常に真剣勝負をするエネルギーは大変なものだろうが、それが彼の生きる原動力にもなっている。不倫のような中途半端な関係を保つことは不得手のようで、この国で結婚、離婚、再婚の話題は事欠かない。

あれから二十年、ワタナベさんやピロスマニのオーナーはどうしているのだろう。

ホテルの地下防空壕

九〇年代後半からモスクワの街並みは一年ごと、いや二、三か月ごとにも目にみえて変化がわかるほど激しく姿を塗り替えていった。

ウクライナへの列車の玄関口に当たるキエフ駅付近の広場は、スリ、かっぱらいの被害がたえず、朝からアルコールのにおいが漂う危ない場所の一つだった。

が、広場の改修は手品のように見事だった。

五年を経ずして「ヨーロッパ広場」という名称に変わり、花壇や噴水が整備され、モスクワっ子のおしゃれスポットになっている。たむろしていたジプシーや酔っ払いはどこへ行ったのか、かつての猥雑さを知るものには同じ場所に立っていることが信じられないほどの様変わりだ。

スターリン時代に建てられたゴシック建築のウクライナホテルはそのキエフ駅から徒歩十五分。西欧化した風景の中で、取り残されたかのごとく往時の偉容をしのばせてたたずんでいた。

ソ連時代、外国人の宿泊用に割り当てられた数少ないホテルの一つであり、ウクライナホテルに宿泊し、このホテルを駐在家族の生活の場とした日本人も多かったことだろう。

しかし、このホテルの地下にある広大な防空壕に足を踏み入れた日本人はそういないはず。

展示会が功を奏してフラワーアレンジメントの注文はホテル、レストランから順調に入り始めていたが、手作りのため人手もいるし、日本からの輸入品のためコストがかかる。品質は評価されても価格をべらぼうに上げるわけにもいかない。そこで、アレンジメントのボリュームを出すため内側に隠れてしまう裾部分の葉ものや茎は中国から中東経由で大量に輸入される安価なものを使用することにした。

アシスタントのアレクセイに取扱い業者を調べてもらう。数時間後、安価な輸入雑貨を扱う業者を探し出し、電話で手待ちの在庫を確認すると訪問の約束をとりつけた。場所の確認などアレクセイがすべて手配し、仕入れの現金をもって彼と車に乗り込んだ。

車は平和大通りを下り、クレムリンのある中心部を抜け、モスクワ川を渡り西への幹線道路クトゥーゾフ大通りに入ると、右手の見なれた建物の裏側で停まる。

「ひょっとして、これウクライナホテル？　わたしたちが会う業者って、このホテルにいるの？」

「そうです。でも出入り口は違います」と車をさらに裏手に回す。

茂みに覆われ低くなっている出入り口は外からは見えない。ホテルの裏口というより、地下道へのトンネルのようにぽっかりと穴が開いている。中は暗くて見えない。おまけに出入り口は頑丈な鉄扉で閉じられていた。

アレクセイがメモを見ながら扉の脇のボタンを押していく。

しばらくすると重い扉が観音開きに中側に動き出した。目をこらす。どうやら道が奥に続いているようだ。車でゆっくり進むと、道は間仕切り壁で左右に分かれている。左側の道に入る。入れ違いに右側から大型トラックがかなりのスピードで走り去った。

どうやらウクライナホテルの地下は片側二車線でトラックが走り回ることができるほど大掛かりな防空壕だった。わたしたちの乗用車はライトを点け、さらに奥へ進んでいく。一定の間隔で小さな照明が壁に取り付けられているほか、灯はない。

数台の車とすれ違ったり、停車中の車を追い越したりして慎重に進む。とある壁の脇で車が停まる。アレクセイと運転手はメモを見ながら目的の壁を確認したらしい。

壁と思っていたがよく見ると小さなドアで、数字が彫り込んであった。

ノックするとドアが開き、まぶしい光が目に飛び込んできた。

中近東あたりの風貌の男性がわたしとアレクセイを無言で中に招き入れた。扉の内側は電気が煌々と輝く大小の部屋が複雑に重なり合っている。それぞれの部屋へは木製の階段や橋で移動できる。各部屋にはあらゆる雑貨が段ボール箱やむき出しのままに床から天井まで積み上げられている。東南アジア、イスラエル、アフリカなどから運ばれてきたものらしい。別な扉を開ければおそらく家電製品や衣服、中古自動車まであるかもしれない。

――グレーマーケットの地下倉庫だ――

フラワーアレンジメントに必要な緑の葉っぱや茎の造形物、ディスプレーに使えそうな小物雑貨が棚に並ぶ。値段を尋ねると小売り価格なみ、交渉を前提としての金額提示だ。が、細かな値段交渉などしてもめ事になり、事故や事件にあって命を落としてもここでは永久に遺体が見つからないだろう。髭の屈強な男たちに対して、学者、アレクセイでは全く頼りにならない。

悔しいが彼らのいいなりの値段を支払った。

早く闇の地下倉庫から脱出しなければ！　スターリン粛正時代、仮の監獄だったかもしれない。重い鉄の扉から外の空気に触れたとき、悪夢から覚めた心地がした。

三十六階建て、高さ二百メートル以上のソ連時代の遺物ウクライナホテルは三年以上の大改修で二〇一一年、外資系最高級ホテル「ラジソン・ロイヤル・ホテル」として生まれ変わった。

モスクワ川の対岸からホテルの外観を眺めるたび、あの地下倉庫は旧ホテルとともに消滅したのか、それとも何らかの役割を担って現存しているのだろうかと思いを巡らしてしまう。

事務所を借りる

日本ではバブルがはじけ、その余波でアートフラワーの輸入元企業の日本の本社も倒産した。最後の出荷の五百万円近い売掛金は回収できないままだった。回収できない会社はわが社だけでなく、負債企業が裁判に訴えた。管財人からの呼び出しでわたしも霞が関の裁判所にでかけたが、説明によると、まず従業員の不払い給与が最優先されるとのこと。その次が銀行への返済。倒産会社の資産をかき集め、経営者の担保物件を精算しても銀行返済さえできないまま尽きてしまうことがわかった。

ロシア進出のため用意した資金の半分が消えてしまったが諦めるよりほかはない。

原因はわたしの責任でも、ロシア側の責任でもない。日系企業の経営者の甘さと見栄っ張りの資質が招いた結果だ。倒産の半年前から悪い予感はあったが、広げた組織を縮小することを恥じて、必要以上に豪華な社長室も、新車のベンツも倒産するまで手放さなかった。

そんな会社と経営者に「倒産なんてまさか」「なんとかなるだろう」と最後までしがみついていた優柔不断さを反省してもあとの祭りだ。

アートフラワー販売ビジネスは三年で終わってしまったが、ロシアビジネスそのものの感触は悪くない。未回収金ぐらいは取り戻せるだろう。もう少し先に進んでみることにする。

日本語通訳として日本のテレビ局から仕事の企画を請け負っていたロシア人女性グループが奔走してくれ、救世主キリスト大聖堂の地下鉄最寄り駅「クロポトキンスカヤ」から徒歩七分ほどの一等地に手頃なオフィスを見つけてくれた。

大家は画商。二階建ての建物は画廊も兼ねているためかなり広い。玄関ドアを開けると外観からは想像しがたい二階に通じる白くて広い階段、中央には真っ赤な絨毯が上まで伸びている。二階といっても天井が高いのでその先がどうなっているのか見通せない。

まるでミニプーシキン美術館。

ただし、わたしの借りた部屋は玄関脇の十五平方メートルほど、机二つと二人掛けベンチ、本棚を置いたら床のスペースは埋まってしまうほどの小部屋だ。恐らく玄関ドア隣に移動した警備員さんが使用していた部屋を空けてくれたのだろう。小部屋の正面に出窓がある。

覗くと中庭に放し飼いされた鶏が数羽、せわしく歩き回っていた。

表通りの向い側はオーストリア大使館、帝政時代の貴族の館だったのだろう。アールデコの優美な建築が往時を偲ばせる。

しかし事務所の裏庭では鶏が鳴く。この対照は悪くない。他に事務所候補もないため、ひと月五百ドルで契約することとした。

あとでわかったのだが、画商もクーデター以降の経営が楽ではないらしい。画廊だった二階はそっくり外資系のコンピュータ会社に貸し、一階だけを画廊として使用している。警備員の部屋も借り手がついて助かったのだろう。

部屋の部類には入らないほどの狭さで借り手がつくとも思わなかったスペースだ。なんとか貸したいと思ったのか、お客が来たときは打合せには画廊の応接室を使ってもいい。キッチンも、トイレも共同で遠慮無く使えばいいと条件をどんどん良くしていく。

おまけに中庭の隣にあるレストラン、ここは近辺の会社の従業員の食堂もかねているが、ランチやお茶を従業員価格で提供するようにオーナーと話をつけてくれた。

零細企業のモスクワ事務所としては申し分ない。

さて、オフィスの次は従業員だ。

といってもさしあたっての仕事はないため、正式な社員を雇う必要はない。日本との連絡係としてアルバイトで十分。建築の短期大学の夜間学生ジーマ君を紹介された。幼い頃両親が離婚、親たちが再婚したので、おばあさんに育てられて、一緒に暮らしているとのこと。おばあさんは生け花を教えているとのことで、彼も日本語に興味を持って独学で日本語を学んでいる。会ってみると、日本にいたら女の子にモテそうなハンサムボーイ。すらりとした体型、細面、金髪に碧眼。問題はマザコンならぬ、おばあさん子だった。

帰り際、「日本からのお土産、好きなのを一つプレゼントするから選んで」と日本から持ってきたマグカップを並べたところ、しばらく見つめたまま「家に帰ってどれにするかおばあさんに相談してみてからでいいですか」と真剣に云う。

「どうぞ」

――君はカップ一つ自分で選べないで大丈夫か――とは云えなかった。

そしてこれも後でわかったことであるが、おばあさんという人はソ連時代建築士で、モスクワ市内の有名な建物を手がけていた人、その関係で普通の六十代の老人とは違う。人脈も広く、何でも的確に判断し、指示を与える。ジーマ君はこのしっかりもののおばあさんのもとで育てられたため自分で判断する習性が身につかなかった。おばあさんの云うことは絶対で、おばあさんの云うことを聞いていれば間違いないのだ。

翌日、ジーマ君に聞いた。

「どのカップにするか決まったの？」

「いや、それが……。自分で決めなさいと云われました」

おばあさんの心配事は、孫を自分で判断できない子に育ててしまったことだろう。

頼りないけど真面目で素直、生け花教師のおばあさんの影響で趣味は生け花。

「取りあえず三か月は試用期間として十時から四時までは事務所に来てください。仕事は東京から連絡するけど、一か月後にモスクワに来るまでに事務所に専用電話を一本引いておいて。あとは事務所で電話番しながら大学の勉強や日本語の勉強をしていても構わないから」として一か月、百ドルのバイト代を決めた。一か月の年金が百ドルに満たない当時、仕事内容にしたら悪くない。

家主に聞いたら、専用電話は工事費込みで七百ドルだという。

これもジーマ君に渡しておいた。

しかし、一か月後、モスクワに来てみると電話は引かれていない。

「どうしたの？」

「申請の書類は出しましたが、何時になるかわかりません」

「電話が通じなければ仕事始められないよ！　何時になるか確認して」

「はい」と云ったまま俯いてしまう。

翌日出勤すると画商の家主の後からジーマ君がついてきた。

ジーマ君の代わりに家主が口を開く。

「実は新設の電話について七百ドルだといったが、もう七百ドルだせば必ず二、三日で工事を始められるのだが……」

――そういうことか――

ジーマ君は電話の件で叱られたことを家でおばあさんに訴えたのだろう。おばあさんは家主に相談する。家主は地区の電話管理事務所に相談に行く。そこでもう七百ドル払えば工事の順番を繰り上げることができると云われたのだ。これは必要経費と考えるしかない。七百ドルを家主に渡したら二日後には電話が引かれた。

順番を繰り上げるにはプラスアルファが要る。ただし最初からプラスの部分はでてこないで、しばらくして告げられる。まれにはプラスが要らないケースもあるからだろうか。めんどうな国だ。

家主も素直でおとなしいジーマ君を気に入っていたようで、息子のように可愛がっていた。結局、二年間の専門学校を終えるまで働いてもらい、彼の日本語は飛躍的に進歩した。

事務所も決まりバイトのジーマ君の雇用も決まったとなると、つぎに必要なのは車と運転手。

おかかえ運転手

車も運転手もモスクワ出張中だけ必要なため、常勤で雇用する必要はない。こちらは出張のたびに二、三日で見つけることが出来た。まだ流しのタクシーはなく、予約者専用のタクシー会社が生まれたばかりだった。

まず白タクをひろう。それも国産車でなく外車で磨きのかかった車に手を上げる。車を持っている失業中の男性はたいてい白タクをしていた。車に乗り込んでまずは車の状態をチェック、運転手も感じ悪くないとなると、目的地につくまでに車中でそれとなく面接する。

お互いの条件が合えば、必要な期間中臨時の専用車となってもらう。前日にこちらのスケジュールを渡しておけば、いつでも車での移動、送迎が可能。運転手にとっても契約期間中、流しの客を探す必要はないのでお互いに好都合だ。こちらが車を必要としない時間は拘束していないので適当に稼ぐこともできる。中古とはいえ日本製やヨーロッパ製の車を所有しているというのはソ連時代にはそれ相当の仕事についていたか、親が政府関係の仕事をしていた人だということがわかる。

「三菱」の中古に乗っている鼻の下に髭をたくわえた五十代のセルゲイさんは、パイプ工場の工場長をしていた。貫禄もあり、服装もきちんとしているため、出張のたびにお願いしていたが、あるときバイトのジーマ君から「残念ながらセルゲイさんは新しい就職が見つかったのでもう運転手はできないということです」という報告。

就職口はモスクワ郊外に開発された高級別荘地の管理人だという。

そして、自分の就職先を見学にこないかというお誘い。どうせ仕事は忙しくない。ドライブのつもりで新たに契約した運転手さんの車で出かけた。

モスクワ中心部から三十分ほど、高級別荘地は幹線道路からはずれた林で囲まれた中に現れた。高い塀が張り巡らされ、道路側からは見えない。ゲートには数人の警備員が立つ。

あらかじめ連絡しておいたセルゲイさんが警備員に何か云う。

「購入を検討する外国人だ」とでも云ったのだろうか、扉が開けられた。

広い敷地に十軒以上の建物が点在する。ほとんどが三階建て、地下倉庫付車三台以上は止められる駐車場。プールやサウナ付バスルーム、ビリヤード、チェスなどのプレイルームは当たり前。一軒の家に何部屋あるのだろうか。売り出し中というが「一体、誰が買うのですか?」「ロシア人だけど本当の所有者は外国人がほとんどだ」とのこと。

建物の基礎や外壁だけで億単位、ロシアの場合内装は購入者が好みで購入してから別に発注する。内装だけでも相当の費用がかかることだろう。

二、三軒見学させてもらったが、あまりにも違う世界を覗いて疲れてしまう。

「良い就職口が見つかっておめでとう」と、セルゲイさんに礼を云い、別荘地を後にした。管理人として彼にはふさわしい就職先だ。

臨時のおかかえ運転手のおかげで予想外の見学ができた場所はまだある。

父親が外務省の役人だったというニキータ君は、親から買ってもらった韓国製の新車で白タクの小遣い稼ぎをしていた。あるとき彼が提案してきた。

親戚の伯母さんが旅行会社の役員で、ニキータ君が日本人女性の臨時運転手をしていると聞くと「その日本人の女性を案内したいところがある」と云ったそうだ。

よほど暇に見えたのかもしれないが観光旅行で滞在しているわけではないのでいったんは断った。が、話を聞いてみると、彼の伯母さんが働いている旅行会社というのは一般の旅行会社ではなく、日本でいうと防衛省所属の旅行会社らしい。もっとも日本にそんな会社があるか知らないが。とにかく軍関係の移動や宿泊を手配していたらしい。が、クーデター後、一般の客も対象に稼ぐ必要に迫られる。そこでソ連時代のルートを生かして戦闘機や戦車に乗せる体験旅行の企画で見学者を募っている。

ヨーロッパや北欧などからは時々ツアーの参加者はあるが、日本からも客を呼びたいから一度見学にきてほしい、ということだった。平和な日本の若者が戦闘機や戦車に興味を持つとも思われない。わたしとて冬が近い寒空の下で戦闘機や戦車に乗る気もない。が、ニキータ君の伯母さんは諦めない。

「それでは空軍博物館に加え、宇宙飛行士を養成している〝星の街〟にも案内しよう。ここも個人的な見学は難しいがわたしが同行すれば見学できる」と熱心だ。ニキータ君は好青年だし、よく働いてくれる。伯母さんの提案をあまり断るのも悪い。〝星の街〟という名前も気になる。それになにより時間に追われるほどの仕事はない。

雪模様の昼前、ニキータ君の車に伯母さんとジーマ君とわたしの三人が乗り、空軍博物館と星の街を目指して出発。幸い二つの施設は同じ方向にある。

前日、ニキータ君が伯母さんからの伝言を申し訳なさそうにいう。

「空軍博物館と星の街の見学責任者のお礼に日本酒を用意してほしい」

こちらから見学を希望したわけでもないのでお礼とは腑に落ちないが、日本人が見学を希望しているからという話にしたかったのだろう。

市街地を出る前に日本食料品店に立ち寄り、日本酒二本を購入する。

しかし、その価値は十二分にあった。

空軍博物館と称する建物は戦争と戦闘機の歴史資料が並べられているだけだが、圧巻は屋根もない原野に数百機の使い古した戦闘機が無造作に横たわっている光景だ。雪模様の鉛色の空、モノクロの戦争映画の一シーンの中に紛れ込んでしまったような錯覚にとらわれる。自由に触れることも乗ることも出来る。鷲の口先のような鋭い先端、コウモリのような翼、オスプレイに似た大型ヘリコプターなどなど、北海道に飛来したミグもあった。マニアだったら垂涎ものだろう。空軍パイロットを退役した老人が熱心に説明してくれるが専門用語が多すぎて理解しがたい。日本での宣伝用にと帰り際、戦闘機の写真やスライドを渡された。

次は〝星の街〟。ロマンチックな名前に期待したが、ソ連時代は外部からは閉鎖された宇宙飛行士養成と宇宙関連の研究所が集積している人工的な街だ。

幹線道路からハンドルは突然九十度のカーブを切り、森の中に入る。

周りに人家もない。森林を切り開いたような道をしばらく走ると鉄柵のゲートに突き当り、ゲートの前方に忽然と街が現れる。住民の全てが将来の宇宙飛行士か宇宙に関係する何らかの職業に就いている。人口七千人が暮らす。幼稚園から小中高校まであり、病院、郵便局、映画館、買い物、この森の中の街で全ての生活が出来るのだ。

訓練棟で宇宙飛行士を目指す欧米の若者たちに会った。数人の女性もいる。皆、朗らかで明るい。この街では宇宙を飛行することは特別なことではない。希望すれば無重力体験の訓練もできるという。

冬の日暮れは早い。ヘッドライトの灯だけが頼りの帰り道、〝星の街〟そのものがロシアの大地から少し浮いているのではないかとさえ感じた。

おかかえ運転手のお陰で、思わぬところを訪れることができた。

しかし出国時、うっかり手荷物バッグに入れた沢山の戦闘機や戦車の写真は荷物検査官の不審を招き、別室に呼ばれる。そこでニキータ君のおばさん、空軍博物館の館長、星の街の責任者の名刺を並べ「日本の旅行会社用の資料ですよ。どうぞこの名刺に電話かけて確かめてください」と名刺を渡す。没収されても構わないが、一応抵抗した。しばらくして戻ってきた男性が「失礼しました。マダム」と、写真も名刺も返して出国審査窓口まで送ってくれた。

出国時、あるいは出張中トラブル解決の一つとして出会ったロシア人たちの名刺を手持ちのバッグに入れておくといざという時、身を守る手立てになる。

現在は「空軍博物館」も「星の街」もガイドブックに載っているので観光で訪れることができる。

ロシア式誕生パーティ

還暦の誕生日をモスクワで迎えた。

現地法人の社長ターニャに日本では「還暦」というのは人生の一区切りであり、お祝いに「赤」色ものをプレゼントする慣習がある。たとえば赤いベストとか赤い帽子などと口をすべらしたところ、この慣習が受けた。

ロシア語でも「赤」は色の名称であるが、「美しい」という意味もありロシア人にとって思い入れのある単語だ。

イベント好きのターニャはこの日本的慣習を共通のロシア人仲間に伝え回ってしまう。

週末の午後、マヤコフスキー駅近くの和食レストラン「バタフライ」が予約された。経営者はロシア人だが日本人コックがいるという店で何度か出向いたことがある。美味しい和食レストランというと当時のモスクワではフレンチ、イタリアン、高級ロシア料理よりも高い。

「声をかけたら断る人がいなくて参加者は十人以上になるけど大丈夫？　ナカオさんの予算は」

「予算？　つまりわたしが全員の食事代を払うの？」

「そうよ。ロシアではレストランで誕生会をする場合は本人がご馳走するの。その代わり招待客はナカオさんにプレゼントを用意するから」ということだ。

メンバーのほとんどが仕事で知り合って付合いが続いている三十代から四十代の女性経営者や会社の役員である。会費を集めて、プレゼントとして花束とケーキぐらいを割り勘で用意するのかな、くらいのことを勝手に想像していた。

ロシアであることを忘れていたのは不覚だった。なにしろ見栄っ張りでアバウトでサプライズが好きなロシア人たちだ。

「予約したレストランのマネージャーよ。細かいことはマネージャーに直接相談して」とターニャはマネージャーの名前と電話番号の書いたメモを残し去って行く。

彼女が帰った後、早速レストランに電話する。予想しなかった出費にまず支払いはカードが使えるか確認。次に料理や飲み物の注文。電話では埒《らち》があかないため開店前にレストランを訪ね、メニューを見ながら相談する。飲み物デザートを含め一人百ドル内。席はレストランの奥をパーテイションで仕切り、テーブルに花とロウソクを用意してもらう。本人がこんなにあたふたしなければいけないとは「還暦のパーティをやりたい」と云われ単純に喜んでしまったことが恨めしい。

当日、ランチタイムを避けて三時から始めることとなった。

インテリアデザイン学校のナジェージダ校長先生、スポーツジムのユーリャさん、ファッションデザイナーのタチアーナさん、国産自然化粧品メーカー「グリーンママ」の社長夫妻、男性の参加者は彼女の夫一人だけだ。皮膚科医のイリーナさん、美容サロンの経営者ラーナさんなど皆エネルギッシュに活躍している現役女性。十数年前一人でモスクワに乗り込んできて、ビジネスを続けていく過程で知り合った同志である。お互いの苦労話や将来の夢など「大人女子会」の話題は尽きない。

一人が尋ねた。

「ナカオさんはクーデター直後からおよそ十五年、わたしたちロシア人をみてきて一番変わったと思うことは何？」

誰もがわたしの答えに興味があるようで注目があつまる。質問も予想していなかったので一瞬考えたあとで答えた。

「一番変わったこと、それはロシア人の表情だと思います。一九九五年にカフェの二階からいつも通りを見下ろしていました。その頃、道を歩く人に表情がほとんどなかった。皆むっつりとして、下向き加減に急ぎ足で歩いている。諦めているのか、不安なのか、悲しいのか、苦しいのか全くわからない。皆、同じ表情だった」「でも同じカフェから眺めても今は違う、一人一人喜怒哀楽の感情をだして、ある人は早足で、ある人は散歩しながら思い思いに通り過ぎていく」

通りにも人にも「表情」というものがでている。

ひとりの日本人がみたロシアのささやかな変化は、ロシア人が期待した回答かどうか分からないが、皆、静かに頷いていた。

会も中盤に入り、ターニャの音頭でプレゼントの贈呈となる。

驚いたことに一人一人からプレゼントがあるという。

あらかじめレストランのクロークに預けられたプレゼントが運び込まれた。

三十本以上はある深紅のバラの花束、エルメスのカシミヤ製の真っ赤なストール、赤い箱に入ったフランス製の香水。シャネルの赤いポーチ。赤い牡丹の花が描かれた油絵は有名な女性画家の作品とか、赤い化粧箱には真っ赤な口紅とマニキュア。ブランドものの赤の皮財布とベルト。テーブルの上に「赤い」ものがお披露目されていく。紹介されるごとに歓声と拍手。

各人が贈り物のセンスと物語を自慢げに語る。

日本でも還暦祝いの赤い座布団や帽子は十分に派手だけど、ロシア人のド派手さにはかなわない。

ちなみにわたしがレストランに支払った額に比べ、いただいたプレゼントの総額は五倍にはなるのではと思う。

本人がレストランに招待するという意味を理解した。

ロシア人ほどプレゼントが好きでプレゼントにお金を遣い、知恵を絞り、エネルギーを傾ける民族をあまり知らない。

付け加えると、ロシア人は日本人のような以前いただいたから「お返しに」という重たい観念は希薄。

そのとき、その場で「ありがとう」がすべて。ということは経済協力って意味があるのかなと思う。

三人のジーマ

ロシア人の名前はロシア正教の聖人に由来するため、名前の数は限られる。ということは百人集まれば女性だったら十人ぐらいのナターシャがいるし、男性であれば十人ほどのセルゲイがいる。

倒産した会社から独立して仕事を始めた頃、仕事関係の男性三人がたまたまドミトリーという名前。ドミトリーの愛称はジーマだ。

仕事で他の人に「ジーマが」と話し始めると「どのジーマ?」と返される。「ナカオさんジーマから電話」と呼ばれるとわたしも「どのジーマ?」と聞いてしまう。

いつからか誰が云いはじめたか定かでないが三人のジーマを区別するために本人のいないところでは「マルナカのジーマ」「真面目なジーマ」「ヘンなジーマ」という枕が定着した。説明しないでも三人のうちのどのジーマかすぐにわかるのでこの枕は便利だった。

「マルナカのジーマ」とは前述したおばあさん子のジーマ君のこと。マルナカとはわたしの会社名の一部である。

何でも感動するし、一生懸命で素直、しかし気弱でお人好し、仕事は遅い、要領もいいとは云えない。あるとき、無断欠勤か、昼近くになっても出てこない。家に電話を掛けたら本人曰く。「すみません。わたしは鬱病になりました。今日は会社休みます」

「ジーマ君、欝病なんて突然になる病気じゃないよ。それに欝病の人は自分で欝病なんて判断しないから。どうせ辞書引いて今日覚えた言葉でしょう。会社に出てきなさい！」

ジーマ君、受話器の向こうで命令を受けたロボットのごとく「はい、わかりました」と応える。

事情を聞いたところ、某日系企業の駐在事務所の所長さんからロシア語の名刺の作成を依頼されていた。この程度の仕事はジーマ君に任せていた。納品日、午後三時に届けると約束したが、印刷会社の作業が遅れて実際に彼が届けたのは五時近くになった。夕方名刺を持って出かける所長からさんざん嫌みを云われ、ジーマ君としては外出時間には間に合わせたのにという云い訳も認められず、落ち込んでしまったのだ。

ジーマ君も最初から納品時間を五時と云えば問題ないものを、相手が待っているのだから出来るだけ早くと希望的時間を約束してしまう。サバを読むとか、交渉するとかという芸当は彼の頭にない。なんでも「はい、はい」と引受けて落込んでおばあさんのサポートに頼るのが「マルナカのジーマ」。

「真面目なジーマ」は二年ほど日本の大学に留学していた経験もあり、流暢な日本語を話す。彼が日本で感激したことが三つあるという。一つは電車やバスを待つとき、きちんと列をつくっていること。ちなみにロシアではバスが来ると出入り口に老若男女関係なしに殺到する。乗り降りは殺気だっているが、乗ってしまえば不思議なことに切符の購入を手伝ってくれる。わたしも運転手から切符を買う間もなく後方に押し込まれてしまったことがある。前の人に「パジャーリスタ（どうぞ）」と云って五十ループル札を渡す、まもなく手渡しでおつりと切符が届けられた。バスの中は切符とお金を持ついろんな人の手が行ったり来たりしている。

「真面目なジーマ」の二つ目の感激はサキイカやチーズ蒲鉾などの美味しい酒のつまみが簡単に手に入ること。そして一番の感激は理髪店だ。熱い蒸しタオルで顔から首までキッチリと拭いてくれ、耳掃除までしてくれる。このサービスが忘れられないという。

それにしても「真面目なジーマ」の感激の話があまりにも些細なことで笑ってしまう。ロシアの石油会社に勤務しているが、日本が好きでなんとか日本語を使い、日本との仕事がしたいと考えている二十代後半の青年。ロシアでビジネスをしたいというわたしの相談に乗ってくれ、自分の取引先の必要な業者を紹介してくれる。信用力ゼロのわが社であるが、紹介者がロシアの有名石油企業に勤めている人からだからとすんなりと受け入れてもらえた。「紹介料」のつもりで幾ばくかのお礼を渡そうしても受け取らない。

「マルナカのジーマ」を弟みたいに可愛がり、当時まだ高価だった自分の古い携帯電話をジーマ君に与えたりした。ジーマ君が失敗しないよう兄貴みたいにいろいろアドバイスをしていた。

あるとき、「真面目なジーマ」が一人の男性を事務所に連れてきた。

「わたしの学生時代からの友人です。彼は真面目で優秀な人間です」真面目なジーマが云うのだから説得力がある。

「彼の前職はＫＧＢですが、ＫＧＢは解体され今は失業中です。ＫＧＢの人は警備会社などで働いていますが、彼はそのような会社ではなく外国の企業で働きたいということです。弁護士の資格も持っていますので法律にも強いです。ナカオさんの知合いの日系企業でどこか彼を雇ってくれる会社はないでしょうか」英語の履歴書も差し出す。

確かに弁護士資格もあり、英語、ドイツ語に堪能。ベルリンの壁崩壊時、東ドイツに勤務している。残念ながら元ＫＧＢを雇用するような度量は日系企業にはないだろう。ソ連時代ＫＧＢ東ドイツの指揮官だったプーチンが登場したのは三年後だ。「真面目なジーマ」の友人はプーチンの部下だったかもしれない。

日本企業の体質を知っているため「真面目なジーマ」も友人の就職先として日系企業に期待はしていないが、友人のためワラのような儚いものでも掴めたらとわたしに紹介したものだった。

「真面目なジーマ」も一年後、日本語力を生かすことや日本企業への就職は諦め、イギリスとロシアの合弁石油会社に転職、ロンドンに赴任してしまった。

三人目は「ヘンなジーマ」。誰が呼びはじめたのかわからないが、これ以上に彼を表現する言葉がみつからない。

見かけはヘンではない。フットボール選手みたいにがっしりした体格。日本に留学、卒業後は北海道の食料品を扱う商社で四年働き、傍ら日本車の部品をロシアに輸出していたが、どうやらこれでかなり儲けたらしい。伝統、文化、芸術、文学などの類いに一切興味なく、ビジネスだけに関心がある。父親はモスクワ大学の教授、母親は医者、兄、姉も研究者らしい。学者一家のなかで末っ子のジーマだけが異色で、家族も呆れているらしい。本人は自分のことは何も云わないため別の人から聞いたものだ。

わが社とはもちつもたれつの関係。「ヘンなジーマ」がビジネスで来日したとき招待状を発行したり、送金を一時預かったりしてあげた。その代わり、わが社がモスクワからサンプルを日本に送る。反対に日本の商品サンプルや資料を数個程度ロシアに送る場合「ヘンなジーマ」のルートにお願いする。まだ国際託送会社もなく、いつ着くか分からないロシアの郵便事情では日本では違法でもロシアでは必要悪ルートか。「ヘンなジーマは」アエロフロートのパイロットやＣＡにたくさんの知人がいた。

あの手この手のルートを駆使してビジネスをしているジーマでも時には上手くいかないときもある。

ロシアのハチミツのサンプルを日本に送ろうと必要書類を整え、シェレメチェボ空港の必要な窓口を数か所駆け回り、やっと荷物をコンベヤに載せて最後の関門に辿り着いたとき、担当の若い兄ちゃんがストップをかける。

「何故？　必要書類には全部サインをもらってある」とジーマと詰め寄った。用意したチョコレートを出してもお金を出しても鼻をくくるだけ。よっぽど虫の居所が悪かったのか。

「ロシアの高級な蜂蜜を外国に渡してたまるか。ロシア人が食べればよいのだ」という理屈。

若い税関員にとって貿易の意味もルールもない。説明するだけ無駄だ。

一日を棒に振ったが仕方ない、引き返すことにした。がっかりするわたしに責任を感じたのか「友達を呼んで食事をしよう」と提案してきた。そういえば昼は空港の職員用の食堂で簡単に食べただけ、空腹もおぼえる。この際、金持ちジーマにご馳走になることとする。

レストランに行くのかと思いきや、到着したのは郊外に開発された高層ビルの自宅だった。顔見知りのジーマの仕事仲間が二人待っていた。

「ジーマ食事ってどこでするの？」

「材料はいっぱいあるから」と云ってキッチンの大型冷凍庫を開けた。冷凍庫一杯にカニ、イカ、イクラなどが詰め込んである。中古車部品の日本のお客さんから付合いで買ったけど食べ方が分からないいから冷凍庫に入れっぱなしにしているという。日本の小売価格にして数十万円にはなるだろう。

「ナカオさんはどのようにして食べたらいいかわかるでしょ」

「わたしが調理するってこと！」

タクシーを呼んで帰ってしまっても構わないのだが、「ヘンなジーマ」にはわたしの驚きと苛立ちは伝わらないだろう。それに日本でも滅多に食べない冷凍品にも魅力がある。

一休みしてから湯を沸かし、鍋一杯にカニを茹でる。日本のお米があったのでご飯を炊いて米粒が見えないほどのイクラを盛った丼にした。日本の食品を扱う商社にいただけに賞味期限はともかく日本製の食品は戸棚にも沢山あった。手伝うことがなくなった三人の男性はパソコンに向かい仕事を始める。

仕事が嬉しくて楽しくてたまらない風だ。

大学卒業間際に突然国の体制が変わった。仕事は自分でつくるしかない。

チャンスを掴んだ野心ある若者にとって仕事はどんな遊びよりも胸が躍るゲームかもしれない。

アートフラワーの取引先の日系企業が倒産して、数百万円の売掛金を回収できないまま新たな仕事を探していた頃出会った三人のジーマ。「マルナカのジーマ」は夜間大学卒業後、日本の通信社の現地要員となり、生け花の先生をしているおばあさんのお弟子さんで年上の女性と結婚、今は二児のパパだ。

「真面目なジーマ」と「ヘンなジーマ」にはその後、会ってはいないけど、どこかでしたたかに生きているることだろう。

謝らない文化

観光地でのバスの集合時間には、たいてい数人は遅れる。誰も遅れた人を咎めない。遅れた方もひと言の詫びもなくバスに乗り込んでくるや、買ったみやげ物を自慢げに見せびらかしている。

「日本人だったら、遅れてきた人は申し訳なさそうに謝りの言葉をかけながら走り込んでくるし、バスで待っていた方は非難めいた目で見るけど、ロシア人たちはおおらかなものね」と、皮肉を込めたつもりで同行のロシア人に云う。

「五分、十分遅れたところで文句云う人いないよ。だって次は自分が遅れるかもしれないじゃない」ということだ。

ロシアで開催されるセミナーやイベントではオープニングの時間がずれることは普通。出席者も集まらないのに時刻だからと始めてしまうと「時間通りに始めたの！」と驚かれ、思いやりのない主催者だと疎まれてしまう。

ロシアは大統領だって外国の要人との会談に遅れることを気にしない国なのだ。

ということは日本側も遅れても気にしないで堂々としていればよい。「遅れて済まない、済まない」なんて云いながら愛想笑いで駆け寄るほうがみっともない。

ロシアの友人から覚えたロシア語のフレーズがある。

教科書では見かけないが、暮らしの中では耳にする。

「ヤーニエ、ビナバタ！」

「ビナ」はロシア語で「罪」の意味。直訳すると「わたしに罪はないよ」つまり「わたしの落度ではないよ」という自己弁護。

地下鉄のホームで待ち合わせする。約束の時間から三十分してやっと現れる。

そして「ヤーニエ、ビナバタ、環状線の駅で停電があって電車が動かなかったの。満員で立ったままだったので大変だったわ。さー行きましょう」となる。

日本人同士では、自分に落度がなくても相手に心配をかけた、あるいは相手の気分を害してしまったことにまずは謝る。それは日本の美徳だと思う。

ロシア人にとって謝ることは自分の「罪」を認めたことであり、罪は罰や責任を負うことに通ずる。

通りがかりの人に道を尋ねる。

「郷土博物館はどこか、ご存じですか？」

「この道をまっすぐ行って橋を渡り、川沿いに右に行くと左側の教会の隣にあります」と教えてくれる。

辿り着いてみると図書館だった。

引き返す途中で先ほど尋ねた人に声を掛ける。

「あれは博物館でなくて図書館でしたよ」

「そうですか、わたしの考えではあれが博物館と思いました」謝罪なし。

新しく出来たホテルの警備員に尋ねる。

「このホテルのなかにカフェありますか？」

「ないよ」

しかしそれを鵜呑みにしてはロシアでは先に進まない。探したところ売店の脇にカフェはあった。

帰り際、警備員にカフェがあったことを告げる。

「そうですか。わたしの考えではレストランだけだと思ったのです」謝罪なし。

彼らは場所や施設の正確さを示したのではなく、自分の考えを述べたのだ。考えは各人各様いろいろある、故に謝る根拠などない。

些細なことでもいちいち「わたしの考えでは……だ」というアイデンティティが顔を覗かせる。

しかし、日本の物差しからロシアの物差しに持ち替えれば、謝罪しない文化も悪くないこともある。

ロシア人を研修旅行などで案内するとき、こちらの都合で旅行の途中で宿泊先や交通ルート、見学場所を変更せざるを得ないこともある。

日本人の場合、旅行途中で行程表を変更するとしたら大変だ。理由を説明し再三頭を下げる。悪いことをしたように代わりのサービスも付け加え納得してもらう。

ロシア人の場合、そもそも行程表など詳しく読まないで参加する人も多い。宿が変わろうが、交通手段が変わろうが気にしない。

なかには「夕食は和食だったのに、イタリアンにしたのか」と文句を云う人もいるが、「レストランの予約係のミスで席が足らないのです。和食は別の機会にします。どうしても嫌な人はキャンセルしますから和食のレストランを探してください」と云えばたいてい大人しく従う。

変更にたいして謝罪するのではなく、理由と対策だけをはっきり云いきることが肝心なのだ。

正直に云うと、ロシアへ日本人企業グループを案内するよりも、日本へロシア人企業グループを案内する方が精神的に疲れない。

ただし「郷に入っては郷に従え」とはわかっていても、ロシアの硬直したお役所仕事には叫びたいほど謝罪がほしいこともある。

「六日も前に投函した郵便物が、同じモスクワ市内なのにまだ先方に届いていないの！」

「来週には届くと思います」とバイトのジーマ君。

「日本の宅配便はね、夕方五時に集荷に来ても翌日午前中には大阪でも京都でも着いているのよ」

ジーマ君は特に感動したふうもなく、素朴に質問を返す。

「なぜ、そんな早く着く必要があるのですか？」

「なぜって？」わたしも返答に戸惑う。

返答は見つからない。

宅配業者の競争による過剰なサービスにたいする作業員の労働が問題視される昨今、「なぜ、そんなに早く届ける必要があるの？」というジーマ君の疑問は、案外深い意味をもっているのかもしれない。

ロシアのお役所仕事の緩慢さや誤りに抗議し、謝罪を求めることほど無駄な労力はない。ひたすら諦め、忍耐力を鍛えるのみだ。

しかし、わたしたちがロシア人の「謝らない文化」の事情や状況を理解したとしても、それだけでは不公平というものだ。

アンケート調査によるとロシア人の七割以上が日本を好きだという（ちなみに日本人の七割はロシアが好きでない）。

クーデター直後でさえ、日本の先端技術から文化、伝統までも日本にたいする関心は高かった。が、その関心の一片でも日本人と付合うロシア人は、日本人の「謝りの美徳」に関心を向けるべきであろう。

長年ロシアでロシア人に生け花、お茶、墨絵、日本語を教えている友人は最初に生徒たちに「ごめんなさい」という日本語を教えるそうだ。そして「言い訳の前にその言葉を最初に付け加えなさい。それが日本のことを学ぶということです」と。彼女の教育は全く正しいと思う。

台本なしの本番

ロシア人と協同作業でモスクワ、サンクトペテルブルグで様々なイベントを手がけた。

「ナカオさん、そんなに慌てないで」

「ナカオさん、大丈夫よ、心配ないから」

ロシア人から何度か諌められた。

〝より速く、より正確に、より忖度して〟という日本社会のなかでわたしはアバウトで楽天的、どうにかなるさ、と生きている方だ。が、ロシアに来ると自分が規則に厳しい、真面目でキチンとした人間に思えてくる。

日本側では広告代理店が作成するイベントは分刻みでの進行表と役割の台本がある。イベントをロシア人に任せておくとメモ程度の台本、あとは責任者が、頭で描いている時間割とスタッフの役割をその都度、その場で臨機応変に指示していく。

細かい台本を作ってもどうせ、その通りに進まないのだから、大まかに決めておいて細かいことはその場、その場で対応していくというのがロシアだ。

二〇〇〇年秋、ロシア最大といわれるフィットネスクラブで会員向けに日本の高級スキンケアのお披露目デモンストレーションを協同で開催する事になった。

前々日に日本のメーカーさんの美容部員、マネージャーも訪ロ、前日にはジムの担当部長ユーリャと打合せしたいと思うが、彼女は急な仕事が入ったため時間がないという。

結局、当日朝早めに会場のフィットネスクラブに向かう。

ユーリャはまだ出勤していなかったが、会場となるジムのスタジオには数人の会員が早朝トレーニング中、トレーニング用の最新マシンがずらりと並んでいる。

「今日、ここでイベントあるでしょ。臨時休業しないの？」

受付に尋ねる。

「ええ、午後から閉めます」

——四時からのデモンストレーションに間に合うのか——

件のフィットネスクラブは赤の広場から徒歩十分の一等地。一階は受付と自然食材のカフェ、二階はプールとサウナ、三、四階がトレーニングのスタジオ、五階がエステルーム、最上階の六階が本社だ。欧米式インストラクターの養成や新規に開設するフランチャイズの指導や運営コンサルタントも行っているが、体質はロシアだ。

昼近くになって「皆さん、長旅での疲れはとれましたか？」とユーリャが笑顔で近づいてきた。

――待ちくたびれましたよ――と内心つぶやく。

「四階のトレーニングルームを会場に使いますから、とりあえず一階でランチをしましょう」とカフェに案内する。

――会員の人がまだトレーニング中で、マシンもそのまま置いてある、こんなのんびりしていて大丈夫ですか――と詰め寄りたいところだが、ユーリャの堂々とした態度は自信に溢れている。

結果として一時過ぎからデモンストレーション開始の四時までの短い時間での会場設営と準備は見事だった。

まず、ジムのインストラクターの男性たちがトレーニングマシンを四方の壁際に運び、見えないように白いカーテンを天井から吊していく。どこかから集めてきたデザインもサイズも違うテーブルをスタジオに運び入れ。これも白い布で覆う。そのテーブルの上に女性スタッフが用意した花と燭台を置き、ロウソクに灯をともして会場の照明を落とす。

琴の演奏が流れてくる。ワイン、シャンパン、ジュースのカウンターに日本茶も並ぶ。

スタッフも興味津々でユーリャの指示にしたがっている。

全体像はユーリャの頭の中だけにしかない。

このイベントを開催するため事前にスタッフとの打合せ会議など一切していないのだろう。

三時間後、招待客が姿を現す頃、ジムのスタジオは日本商品を紹介する会場へと様変わりしていた。

ホテルでのイベントではお客が並びはじめた開場数分前に、清掃がおわる。正面入口の扉が開くと同時に清掃道具をかかえた作業員の姿が楽屋裏に消えたこともある。まるで歌舞伎の早変わり舞台だ。かと思うと出展申込みした見本市の会場を前日の夕方訪れたときのこと。隣のブースが何も手をつけられていない。「お隣さんキャンセルですか?」

「えー、ここもお宅の会社のブースじゃないの?」

申込書を主催者側が確認した結果、主催者側のミスだった。

今更、われわれの二倍はあるスペースを空のままにしておくわけにいかないだろう。「よかったら、そちらで使っていいです」ということになった。予算の都合上、宣伝用の生け花デモンストレーションのスペースに無理があったためこちらとしては助かる。主催者にしても殺風景のままのスペースが花で埋まるのだからお互いにウィンウィン。時には杜撰なやり方のため思わぬ幸運に出くわすこともある。

綱渡りのようなロシア式やり方に最初は慣れなかった。日本人からみたらイベント当日が近づいても準備不足、詰めが甘いとしか思えない。

しかし、今ではロシアで開催するロシア人によるイベントは彼らに任せて大丈夫だと思い始めている。台本がなくても、台本がアバウトでも大丈夫。

なにしろ百年余の間に帝政ロシアから社会主義国家へ、そし社会主義国家から自由主義国家へと歴史的ハプニングの綱渡りを乗り越えてきている。台本通りの予定調和のなかで生きてきたわけではない。

「なんとかする」「なんとかなる」という台本ナシのロシア人を見捨てないで欲しい。

日本人にとってはロシア人の対応力と切り換えの早さは時には羨ましいとも思う。

クリシャ（屋根）について

ロシアビジネスというと「マフィアがいるでしょ？」と興味半分に質問される。

彼らと名刺交換したこともないし、正面から被害を被ったこともない。姿は見たことないが話には聞く。つまりＵＦＯよりも身近、幽霊よりも確実なロシア社会ではめずらしくない存在だ。ビジネスをしているロシア人たちにとって悩ましい存在であり、相応の対策も講じなければいけない。

マフィアといっても大中小のクラスがあり、大は資源エネルギーやインフラの政治的利権をめぐる国家的レベルから中は経済的な縄張りで抗争する不動産がらみが多い。小は中の下請けや人脈を頼って便宜を図り、手数料を稼ぐぐらいを生業としている。

わたしのレベルでのビジネスで間接的に登場するのは、中か中の下クラスあたりであろう。

本来の打合せの後で前述のフィットネスジムのユーリャ部長が提案してきた。彼女の会社は以前モスクワ市内に分散していたが、会社機能を一か所にまとめるため最近新しい建物に引っ越した。七階建てのビル一棟を買い取ったのである。クレムリンからも徒歩十分、官庁と商業地区の間の一等地である。

「一階から六階までは本社で使うけれど、今のところ七階は空いているので日本企業に貸したい」と云う。日系企業や日本人は賃貸人として喜ばれる。まず、契約書の約束を守る。期日には必ず家賃を支払う。部屋をきれいに使用するなど、当たり前のことであるが、ロシアでは一番の安心できる賃貸相手として評判がいい。

ユーリャはカナダのビジネススクールを卒業して、ご主人の仕事の関係でインドネシア、韓国で数年暮らし、彼女も企業の幹部として働いていた経験を持つビジネスウーマンだ。良くも悪くも感情的でヒステリックな女性が多いロシア人のなかではきわめてクールな女性。彼女の提案ならば危なげはない。ロシアで人気のある武道の練習場などに貸せばフィットネスジムとして付加価値がつくのではと想像を巡らせもした。ユーリャの説明の中に「クリシャ」というロシア語が度々はさまれる。

「クリシャ？」日本語では〝屋根〟という意味。一般的には「傘下」のことであるが、ロシアではマフィアとも云いかえられる。

「この建物はクリシャと話ができているから大丈夫。もし日本人が人の出入りの多い広いスペースを直接借りたとしたらトラブルになる可能性は大きいでしょう」

つまりジムが買い取った建物はひとつのクリシャ＝屋根の下に入っているから屋根同士の縄張り争いに巻き込まれる心配がないという。室内温水プールもある吹き抜けの高い天井の上にさらに高くて大きな目に見えない〝屋根〟が覆っているのだ。

まともにビジネスをしているロシア人にとって〝屋根〟の存在はロシア社会の「恥」だと思っているから公然とは云わない。特に外国人には知られたくないのだろう。が、ロシアに進出する場合、片隅にでも心得ておくべき必要な情報である。

モスクワでレストラン王と呼ばれるアルカジィ・ノビコフを取材した折り、「ビジネスをしていて一番の悩みは何か」との質問にやはりクリシャ＝屋根の存在を語った。

一等地に次から次へ派手なレストランを開店しているノビコフは〝屋根〟たちのかっこうのターゲッ

トでもあった。レストラン王は〝屋根〟の対策に疲れているように見えた。日本の居酒屋チェーンから預かった設計図を見せながら「日本人があなたをコンサルタントとして直接進出するのはどうか」という問いには即在に「直接？　今は勧めない。やめた方がいい。わたし以上に大変だよ」と云って席を立った。

モスクワの内装会社で働いている日本人男性から事務所移転の案内が届いた。彼の事務所は市の中心部ではないが国際博覧会場の一つ手前の地下鉄アレクセイスカヤ駅の真向かいでとても便利。ソ連時代は専門学校だったらしく建物も堅牢で敷地も一万平米はあるだろう。入り口で訪問先を告げる。と、受付のおばさんが入居している会社の警備員に電話で連絡する。警備員が受付まで迎えに来て警備員の案内で訪問者はやっと目的の会社に辿り着くというセキュリティは万全だった。警備員といっても腰にピストルを提げているものの訪問客の送迎が彼の仕事で、暇そうだ。

この建物の入居者に突然立ち退きの通告がされたという。すぐに通告に従い立ち退いた会社もあるが、適当な立ち退き先が見つからず居続けている会社もある。彼の勤める会社も動かなかった。ところがある日、ライフル銃を掲げた男が三人いきなり会社に現れ、即刻立ち退くように命じて役員室に閉じこもったのだ。銃は脅しだとはわかっても抵抗は出来ない。何らかの事情で建物のクリシャ＝屋根が代わり、ライフル銃の男たちは新しい〝屋根〟に頼まれて入居者の即時立ち退きを促しに来たのだ。こんな場合雇用している警備員は何の役にもたたない。

トラブルになってから相談をもちかけられた場合もある。

ロシアへ本格的に進出しようとして日系某メーカーさんは建築中の建物を完成後に事務所として借り

るため仮契約を結んでいた。いくらかの前金も支払った。が、建物が完成しても一向に使用出来る状態にならないので解約したいという相談。これも水面下での屋根同士のトラブルが原因なのだ。この問題を穏便に解決するため、われわれはパートナーの法律事務所に相談する。ここからの解決はロシア社会の問題でロシア人に丸投げするしかない。おそらく法律事務所では〝屋根〟と話をつける交渉人を外部にかかえているのだろう。そして相手側の〝屋根〟の交渉人と交渉人同士で互いに話し合う。十日前後で某メーカーが支払った前金は法律事務所を通して無事に戻った。もちろん、法律事務所からの請求書は発行される。不本意ながらこのようなトラブル解決法もロシア的ビジネスのひとつだった。

クリシャ＝屋根に煩わされずビジネスをしたければ、彼らの目が届きにくいビジネスをするしかない。派手な小売り施設、飲食店、目立つレジャー施設などは目をつけられやすい。たとえば郊外の不便な立地の建物やアパートの部屋を借りる、あるいは個人住宅でもできるコンピュータのデータサービスやソフト開発のビジネスだ。

このような新業種は〝屋根〟にとっても苦手らしい。

あるとき「マルナカのジーマ」が面白い翻訳会社があるから訪ねてみないかと誘ってきた。先方にも訪問のことは告げてあると云う。事務所をかまえてもたいした仕事のない会社のためなんとか仕事の発端でもと、彼なりの配慮だった。

地下鉄で終点近くまで乗り、駅から雑木林のなかの曲がりくねった道を十五分ほど歩いたところに並ぶ集合住宅の一室を訪れた。

薄暗く汚れた廊下とは場違いに部屋には最新のコンピュータが数台稼働している。液晶画面が眩しい。

何台ものパソコンで仕事をしているのは中国人とロシア人の男性の二人。二人とも二十代後半というところ。欧米やアジアの人気書物らしき何冊かを並行してロシア語に訳している。日本語からは中国人男性が英語に、それをロシア人男性がロシア語に訳していく。キーボードの指はほとんど止まることがない。二人とも扱う語学力はほぼネイティブなのだろう。

日本語からの翻訳本をみたところ吉本バナナさんや黒柳徹子さんの『窓際のトットちゃん』などが置いてあった。まさかここでロシア語に訳されているとは著者ご本人も知らないだろう。彼らはどこで販売し、お金はどのように得ているのか尋ねてみた。

「翻訳はアメリカの会社にデータで送り、お金はアメリカから自分たちの海外口座に月二回振り込まれてくるよ」こともなげに答えた。モスクワの月給の平均が四~五万円の当時、その十倍はあった。

――これって違法じゃない――と思うが、わたしに問い詰める義務も理由もない。二人の若者は〝屋根〟に目をつけられることなく莫大な富を海外に蓄えていくのだろう。

法律があってビジネスができるのではなくビジネスが生まれてそれを法律が追いかけていく。その過程をまざまざと見る。

曇り日の影

マフィアのことを話に聞くが、姿の見えないＵＦＯか幽霊にたとえてしまった。しかしその実像が掴みにくい存在がもうひとつある。ロシアではなく、日本でのこと。

その言葉をはじめて耳にしたのは最初の会社に勤めた時、つまり大阪の倒産した貿易会社時代だ。出張先の横浜の工場でソ連向け輸出機械の図面整理をしていた。

ある日、工場へ機械の検査と称してロシア人技術者が日本人通訳を伴って訪れた。輸出前に輸入国側による検査は契約上の条件だった。

お茶の時間、二階の窓から外を見ていた通訳の男性が「コウアンが来ているな」と、わたしに聞こえるように日本語でつぶやいた。

視線の先を追うと向かい側の路肩に中年で痩せ形のおじさんが所在なげに立っていた。その時はニヒルに顔をゆがめる通訳の表情も、暑い中、事務所にも入ってこないで立ち続けるおじさんの意味がわからなかったし、そのまま忘れてしまっていた。

後々、ソ連に関わる人には「公安」という職業の方がどこかで見ているのだと知るようになる。事前には誰も教えてくれなかった。

東京に就職してからまもなく、世話になっている叔父の家にわたしの就職先や住まいの確認で「公安」と名乗る男性が訪ねて来たことがあった。

数か月ではあるが品川にあるソ連通商代表部のロシア人のところへ就業時間前に日本語を教えに通った。住まいが近いと云うことで会社の上司からの紹介だった。生徒となる相手は三十代後半で、奥さんと娘さんを伴って日本に赴任したばかり。日本語の読み書きは勉強していたが、会話を覚えたいということで会話の相手を探していた。ロシア人の宿舎は代表部の中にあり、授業は代表部の応接室の一室で一時間ばかりの日本語日常会話レッスンだ。

一応時間外であり、紹介者は会社の上司からの個人的紹介だったので会社には特に報告もしていなかった。が、会社の役員室に呼ばれた。

「公安から連絡があって君は通商代表部に出入りしているらしいが、何をしているのか」と問いただされた。公安は通商代表部に出入りする人間を四六時中近くのマンションなどから見張っているらしい。新任のロシア人所員の日本語レッスンのために通っている経緯を説明。紹介してくれたのは役員の部下でわたしの上司なのだから、アルバイトとはいえ半分は会社のためにもなると思って引受けたのだから、咎められる筋合いはない。継続することを止められもしなかったが、気分を害したので適当な理由をつけて断った。代表部の男性も家族との生活上、簡単な日本語会話をマスターしようと熱心にメモをとりながら学んでいた。わたしごときから何らかの情報を得ようという素振りなど微塵もない。それでもソ連時代、大使館や公的機関に本国から送られてくる人間はすべてスパイだと云えば、そうですかと云うしかないのだが。

わたしがロシアに度々出張していることは、当初の九〇年代は取引先には内緒にしていた。本来の仕事上から話題にする必要もないし、受注した仕事はわたしが不在でもスタッフが問題なく納入していた。ロシアビジネスに関わっているのは社長のわたしひとりだった。

その頃、業者登録をして取引していた官庁や国の外郭団体も何か所かあった。ある役所の仕事を納品しての帰り道、挨拶だけは交わしていた顔見知りの納品先の課長が話しかけてきた。仕事の打合せは担当者としているので官庁の課長クラスの方とは会話したこともなかった。が、行き先の方向が同じだったため世間話をし始めた。突然、課長が「ところで中尾社長はたびたびロシアに行かれているそうですね？」と雑談の続きのように問いかけてきた。

ほんの一瞬だが、虚をつかれ言葉が詰まった。

——なぜ、彼が知っているのか？——疑問が頭を駆け巡る。スタッフを含めわたしの周囲で該当の官庁と個人的に付き合っている人間はいないし、付き合う必要もない。

質問に否定することはないので「ロシアビジネスに興味があり年に四、五回は訪ロしています。訪ロするたびにモスクワは目に見えて変化していますなどと会話をつないだ。ロシアの状況を話しながらお互いの別れる道まで来たとき、喉が無性に渇いていた。

今でも思い出すたびに不思議な気分になる。あの課長はたまたまどこかから耳にしていて、偶然行き先が同じ方向だったため話題にしただけだったのか。それとも故意に確認したかったのか。

公安という存在はわたしには曇り日の影の気配のように薄ぼんやりながらも完全に離れてしまうことがなかった。

二〇〇〇年半ばになると、それまで二の足を踏んでいた日本企業もロシア進出に積極的になり、われわれの会社もロシアのビジネスサポートを売りにインターネットやパンフレットで宣伝をはじめた。

そして影の存在だった公安の方が名刺をもって訪ねてくるようになる。銀行の営業か、事務機器の定期点検者と変わりない三十歳前後のふつうの礼儀正しいビジネスマンだ。もうすこしシャープで忍者っぽい人を想像していた。

「モスクワの最近の状況をお聞きしたい」という漠然とした目的。

そこで、日本食レストランが増えている。日本車をはじめ高級外車が多い。中国人観光客も多い。マクドナルド以外の地元のファストフードが登場して人気がある。ユニクロが進出するらしい。など、女性誌に載っている程度の街の様子などを話す。所詮、雑談以上の情報などわたしからは無理だ。

その後半年に一度、二、三回訪ねて来た。三回目か、四回目の会見の後、ついに云ってしまった。

「次回いらっしゃる時は、なにがお知りになりたいのかはっきり云ってください。知りたい情報で、もしわたしが知っていることがあれば出し惜しみすることありませんから。ただし情報ってギブアンドテイクですよね。こちらから一方的にお話し続けるなんてちょっと納得いかないですけど」

それ以来、数年間公安の訪問は受けていなかったが、三年前に以前とは違う、もっと若い男性が訪ねてきた。

久しぶりだから会った。前と同じで訪問の理由も特定の目的もない。雑談に終始する。聞けば公安に中途採用で入り、それまではモスクワの日系商社や大使館でアルバイトをしていたという。ロシアが好きでこれから勉強していきたいのでよろしくお願いします、と。職場は学校ではないので、前回同様の理由を丁重に伝えて訪問を断った。

他の会社は皆さんどうしているのだろうか。わたしの会社だけが訪問先として狙いやすいのだろうか。教えてほしい。

第三章

日系企業のコンビニ

二〇〇三年、アメリカの証券会社シンクタンクのレポートに今後、経済発展する新興国としてブラジル、ロシア、インド、中国が取り上げられ、その頭文字から「ＢＲＩＣｓ」という新語が登場すると、日本の経済界、マスコミもこの切れの良い略称に反応した。

ロシアなんて「まだまだよ」と、関心を持たなかった大手メーカー、商社、運輸、金融業界が遅れを取るまいと動きだす。

九〇年代の初めからロシア企業の取材、市場視察旅行を企画、実施してきたわが社にも口コミや紹介で上場企業のロシア担当者たちから声が掛かり、講演依頼もいただくようになる。

十年前、いや五年前であっても、もっと少ないコストでビジネスチャンスも容易にあったのにと、欧米、アジア諸国に遅れをとった日本企業を内心、残念に思う。

「新興国、みんなで渡れば怖くない」っていうのが体質なのだろう。

ソ連時代から足場のある企業はともかく、新市場ロシアへ進出する企業からの相談や要望に応えることは、培ってきた現場経験から難しいことではなかった。企業からの相談案件にすべて対応できるわけではないが、対応が可能か否かの判断が即座にできた。

その頃からわが社にも語学能力を持ち、商社や現地採用でロシアビジネスに経験のある優秀な女性たちが集まってきていた。女性が中心になったのは、ロシア語力もあり仕事経験も豊富な彼女たちのキャリアを生かす職場がないこと、また年齢的にも子育てや介護に時間を取られフルタイムで働ける状況ではないことなどが理由だ。そこで彼女たちの状況に合わせ雇用条件を話し合いで決めてそれぞれに異なる契約を結んだ。これも小さな会社だからできることだ。

——日本企業がもっとロシア市場に入り込んでほしい——という想いは彼女らも共通していた。

そのために、進出する企業の担当者が無駄な労力を使うことなく、欧米と同じようにロシアビジネスができる環境を提供する必要がある。

ビジネスパートナーを探してほしい。駐在事務所を設立したい。住居を探して欲しい。従業員候補を探してほしい。展示会を開きたい。車やロシア語の先生を手配してほしい。そして、生活用品の買出しの手伝いまで、お世話させてもらうことになる。

企業から「ロシアのコンビニみたい」とか、わが社の名称マルナカをもじって「マル投げ」と呼ばれた時期もある。

土日でも、日本の祭日でも携帯に突然モスクワから電話が入る。

「今、モスクワ商工会議所の前です。乗ってきた予約車が見当たらない。どうしたらいいのか」

「パリからモスクワの空港に着いたけど、ビザが不備で入国できないと云われた。待っている出迎えの人にも連絡できない。どうしたらいいか」

「入居したアパートは問題ないと思ったが、後から来た奥さんが気に入らないから引っ越したい」

こんな些細な愚痴やクレームから、

「本社の社長交代が突然決まりました。ロシア側で手続き中の事務所設立関連書類は全て無効になってしまうのでは？」

「事務所の開設が許可にならず、書類が差し戻された。再提出しなければいけないが、許可にならなかった理由を調べてほしい」などという法律上のものもある。

公的機関からの正規の調査以外に「現地法人を設立するので現在のロシア代理店の活動を先方には内密に調査してほしい」といったスパイもどきの仕事も請け負った。

初めてロシアに足を踏み入れる日本企業の担当者と、日本企業に初めて接するロシア企業幹部との出会いはまさに未知との遭遇だ。

お互い行司のいない土俵に上がってしまったようなもの。

ビジネスでもサプライズやハプニングを前提として、トラブルも起こった時点で迅速に解決法を決断するロシア人たちと、やたらコンプライアンスに縛られ、スケジュールに忠実で何事にも「本社に伝え、検討します」という日本側ではタイミングも合わない。

そこで行司役の出番となる。

日本企業の意志決定のプロセスをロシア側に説明。そして「検討します」の回答には楽観しないように。日本企業は決定には時間が掛かるが一度「可」となった返答は担当者が変わっても変更されることはない。ロシアでは「可」となっても国や会社やトップの事情によって「否」となってしまう。その点、日本企業との付合いは安心であることを強調。

日本側にはロシアの法律にはまだ溝があり、税法、会計法、労働法、不動産法、金融などビジネスに直接間接に関わる法律も度々変えられ、しかもロシア人でさえ変更を周知できていない場合がある事情を説明。

「法律に溝があり、不備でどうするのだ」と質問がくるから説明はあくまで大雑把にしておく。

法律が不備で役所間でも溝があるということは、解決方法も多様にあるということ。ロシアでは問題が起こってもなんとか解決の道がある。法律が不備だから生きていけない、ビジネスが出来ないということはない。

しかし、モスクワに事務所を構えたアメリカのシンクタンクの若者の台詞には妙に納得した。

「クライアントにはロシア市場は可能性があるが危険だ、不透明だというレポートを作成したほうがわれわれの仕事が増えるよ」

ロシアに事務所を開く欧米のコンサルタント会社にとって、ロシア市場はまさに自国向けにも大きなビジネスチャンスの市場だった。

七回転び、七回起き上がる

ロシア人はビジネスが好きだ。

が、ロシア人の感性は存外ビジネスに不向きである。

ビジネスには退屈だけれど一定のパターンがある。が、ロシア人は一定のパターンというものが好きでない。放っておけばルールや型からはみ出していくのがロシア人。

ロシア人に「ビジネスってひと言でいえば何？」と質問した。

即座に「チャンス」という言葉がかえってきた。

最初からワクワク、ドキドキ感を求め、資金、情報、ノウハウ、タイミング、人脈など二の次でアイデアを頼りに夢と野心で突き進んだあげく躓いて傷をおう。

深く傷つき一瞬は落ち込むが立ち直りも早い。見切りをつけると同時に方向転換する。未練を持たない。持たないふりをする。ふりをしている内に諦めがつき、すでに次に向かっている。

ソ連時代は個人の自由なビジネスは存在しなかった。ソ連が崩壊し、当時、二十代だった若者を中心にロシア人はビジネスというゲームを手に入れた。

ゲームだから何度でもやり直せる。失敗とか成功とかよりもゲームそのものを楽しみたいのだ。


東ヨーロッパ美容業界会長まで駆け上がったドローレス・コンドラショバは、タイミングと運を掴み、実績を積み上げ成長した女性企業家だ。

日本の著名な美容メーカーと販売契約が進んでいた。日本側から最終交渉に役員が出張してくることになったが、生憎と彼女のスケジュールが合わなくて代わりに男性の副社長が対応することになった。

日本側とロシア側がテーブルを挟んで話し合っているところへ、東ドイツに出張中で面会できないはずのドローレス会長が突然部屋に飛び込んできた。

予定変更は秘書や副社長でさえも知らなかった。

「どうしても日本の役員のかたにお会いしたくて、ドイツの会議を早めに切り上げ帰国しました。間に合って良かった」と心から嬉しそうに握手を求めた。

これには日本側の役員も感激。契約話は一気に進んでしまう。

彼女には分かっていたのだ。日本企業はまだロシア企業に不信感を持っていたことを。そして突然、自分が目の前に現れることでそんな曖昧な疑念を晴らしてしまおうという戦略。やはりただモノでない。


別な日本の中堅美容メーカーの役員を紹介したときのこと。

定年近い日本人役員がドローレス会長と彼女の会社の数人の幹部を前に自社の歴史や実績を長々と話し出していた。ロシア人側も時々メモをとりながら神妙に彼の話を聞いている。いささか退屈。ドローレス会長もさかんにノートにペンを走らせている。メモするほどの内容でもないのにと思う。

電話の呼び出しがあり席を外すとき彼女のノートをチラリと見て、思わず吹き出すところだった。

彼女がノートに一生懸命描いていたのはユリのような花の絵だった。花をヒントに新しいヘアスタイルを考えていたのだろう。日本の役員の話を聞くふりをしつつ、周囲に悟られず自分の世界で創作に没頭していた。

彼女にとって日本の一企業の過去の社歴に興味はなく、一緒に何をしていけるのかにのみ興味がある。

クーデター後の世の中を一気に駆け上がったドローレス・コンドラショバにとって、退屈なビジネスなど一瞬たりとも考えられなかったに違いない。

わたしたちは気持ちで動く

あるロシア人に云われた事がある。

「ナカオさん、わたしたちはお金で動かない。気持ちで動くのよ」と。

ビジネスではお金で動いてくれた方が簡単な場合がある。気持ちを動かすとなるとなかなかやっかいである。

しかし気持ちで動くロシア人の「侠気」に助けられたことも度々ある。

二〇〇九年四月、多摩美術大学美術館で帝政ロシア時代から革命へと亡命貴族の行く末をファッションで辿る展示会が開催された。一九八〇年代にフランスに亡命したロシアの服飾研究家でロシア貴族の衣装コレクターであるアレクサンドル・ワシリエフ氏のコレクションを展示する「革命とファッション〜亡命ロシア、美の血脈」である。

彼のコレクションの写真集をモスクワの書店で手にしたとき、この写真集に出会うためわたしはロシアに来たのではないかというほどの感動を覚えた。

そして写真に掲載されている亡命したロシア婦人たちが着用し、パリのメゾンに注文した衣装に触れてみたい。そのためには展示会を日本で開催しなければ、という企画にとらわれてしまった。

当時、ヨーロッパを中心に講演や取材で駆け回っているワシリエフ氏にモスクワで何度か会い、写真集の出版元であるスローヴァ社も訪問、展示会を開催していた香港服飾大学の主催者からも情報を集めた。

ビーズ刺繍が鏤《ちりば》められたドレスから絹の室内履き、羽飾りの帽子や扇、バレーリュスの舞台衣装など百年以上前の衣装、装飾品の輸送費、ワシリエフ氏と助手一名の旅費や滞在費など、安く見積もっても日本での展示会開催には一千万円はかかる。

二年間、国内のスポンサー探しに奔走したが見つからない。

ヨーロッパではベンツなどの車メーカーもファッション展のスポンサーになっているが、日本ではファッションはまだメセナ活動のカテゴリーにはなかった。

ワシリエフ氏と出版社に「残念ながらスポンサーは見つかりませんでしたが、自力でも開催したい」と申し出たところ、出版社からは版権の無償提供とワシリエフ氏からは大幅な条件譲歩や値引き額が提示された。

想定金額の半額以下にはなる。

会場と設営、図録制作は企画に賛同していただいた多摩美術大学美術館で受入れてもらい、多くの有志の方の協力で写真集に出会って四年目に実現するに到った。

それにしてもアレクサンドル・ワシリエフ氏と出版社スローヴァの社長の心意気がなかったら実現しなかったことである。

話は変わるが、日系企業でお掃除と賄いをするおばさんが安い給料でも長年辞めない理由はそこの事務所の所長さんを尊敬していて、そこで働くことが心地よいからと云っていたとか。

「わたしたちはお金で動かない、気持ちで動く」と云ったロシア人の言葉を時々、思い出す。

ロシア人はビジネスに不向き

ロシア人がビジネスに不向きではないかと思う例を具体的にあげてみる。

「このプレゼン資料、フローチャートや表にしたら数枚で説明できることじゃないでしょうか」

事務所の日本人スタッフがロシア人の作成した資料をみて相談にきた。

パートナーであるモスクワの会計法律事務所から日本企業向けにロシア進出の手続き、進出後の労働雇用、決算報告について東京でセミナーを開催したいとの要請があった。

当時お世話になっていたロシアＮＩＳ貿易会に相談、同会の中小企業研究会の好意で開催が決まった。要請のあったロシアの会社から社長とスタッフ三名が来日。

共同主催者として彼らの作成したプレゼン資料をあらかじめ見せてもらう。英文であるが分かりにくい。文章がだらだらと数十ページつづく。論文でも物語でもない英文を画像で読まされる受講者のほうは苦痛だ。

そこで冒頭のスタッフの相談となる。

セミナー前日、急遽レンタルルームをおさえパソコン編集者も派遣で依頼、ロシア側には日本の会社向けにプレゼン資料を作り直す必要がある事を説得し、終日双方がレンタルルームに閉じこもって資料再編集作業にかかった。

まず何を云いたいのか、何処の時点でどのような書類が必要か、書類の署名者は誰か、そしてそれぞれのコストはいくらかなどなど文章をフローチャートや表にしていく。

文字がどんどんカットされていくことに不安を感じていたロシア人たちも最終的には数枚の表に内容がほとんど網羅されたことに納得せざるを得ない。

結果的にセミナーは成功したが、舞台裏で資料再編集の綱渡りの作業があった。

表やイラスト化されてしまった資料を不親切だ、あるいは面白くないとみるようだ。ロシア人にとって表やイラストはあくまで補足資料、まずは文字ですべて文章化して説明したい。

伝票でさえ文学的。ロシア企業同士で発行される少額の請求書ですら、取引内容を詳細に書き込むため文章がむやみに多い。日本人が作成する企画書や報告書のように簡潔とは云いがたい、作成に時間も手間もかかるだろうが気にしない。内容を要約したり、イラスト化したり、箇条書きにまとめることは不得手。大量の文字によって「軽い」ことを「重く」してしまう。合理的にすむことを不合理にしてしまう。

ロシア人にとって空白の多い資料は価値が低いとみなすか、あるいは不安に感じるようだ。空白や空間の存在に価値を見いだす民族と、それをひたすら埋めることに価値を求める民族の違いだろうか。簡単に伝わる容易な分量より、理解困難な過剰な分量に挑戦したい人々だ。

日本の某大学教授にロシアで細胞再生とスキンケア商品開発の講演をしてもらった。

主催者のロシア人に感想を聞くと「易しく話してくれたことはわかるが、もっと専門的な話をしてほしい」と云う。

「でも医者でない美容インストラクターも参加しているからあまり専門的では理解出来ないのでは？」

「理解出来なくても構わないのです。難しくて理解出来ないほどの講演を聴いたということに価値があり満足感もあるのです」

断言し、笑って付け加えた。

「それがお洒落。それがわたしたちロシア人よ」

マッチングビジネスのミスマッチング

ビジネスの成功話は自慢話になりがちで退屈なので、失敗談をいくつか紹介してみよう。

といっても「ビジネスに失敗はない」というのが本音ではある。

上手くいかなくなった時に止めてしまう、それを世間は失敗という。

けれども対象を変更、修正して継続すれば失敗などなく、すべて途中経過ということになる。

ロシアビジネスにおいても「失敗」ということでなくタイミングや状況が互いに合わないことで頓挫した。つまりミスマッチングだった例である。

●大手食料加工メーカーの視察

日本の大手食料加工メーカーの社長、役員が取引先のスーパーマーケット、製パンチェーン店の幹部八名を誘い、モスクワとウクライナのキエフ、オデッサを視察することになった。欧米、アジア諸国は回っているがロシア市場に足を踏み入れるのは初めてという方々である。

モスクワでは事前に二社のパン製造工場に訪問の予約を入れておいた。

一社は市内に広大な敷地をもち、経営陣も国営から民間にそのまま移行したのだろうが、会社の空気はソ連時代のまま残されている。大テーブルや椅子が広い部屋を占める会議室にはやたらと旗や表彰カップが飾られ、訪れた政治家や著名人との記念写真が壁一杯に貼られている。でっぷりと太った工場長の口からは過去の実績の自慢とこれからの展望というより野望の演説を聞かされただけだった。日本の企業人と会いたいとのことだったが、工場長の目的は壁に貼る記念写真に彩りを添えたかっただけかもしれない。

もう一社はモスクワ州の隣、ノギンスクという田舎のパン工場を見学した。ここは教会用のパンとして作られているイースト菌を使用しないパンが美味しい。

工場長は事前訪問したときから、温厚な笑顔と優しいまなざしが印象的だった。

「ソ連崩壊で農地に植え付ける種や肥料、必要な工具の支給もストップし、パン工場も荒れたけれど、ソ連時代のリーダーだった人や住民らでなんとか立て直してきました。この工場のパンが美味しいと評判になり、少し高くても売れています」と語った。

ロシアの田舎には彼のように真面目に社会主義経済を支えていた人たちがいる。体制が変わっても、変わった体制の中で地域のひとたちを支えているのだろう。

「日本のパン製造機械のパンフレットを見てみたい」

遠慮がちに日本人に申し出ていた。

遠来の外国人に自社製パンにサーモンやイクラをのせたカナッペと紅茶でもてなしてくれ、工場もくまなく案内してくれる。

「屋根に隙間がある、鳥の羽が舞い落ちるのでは」

「床に穴があいていた、あの隙間からネズミが入りこむかもしれないね」

ささやき合う日本語。そんなに重要な問題でしょうか？　今、立ち上がろうとしている国なのです。


モスクワで「七つの大陸」というスーパーマーケットが破竹の勢いで伸びていた。

日本人視察団とそのスーパーマーケットの幹部との情報交換のミーティングを予定に入れた。将来なんらかのビジネスのきっかけになればとの個人的思惑もあった。

急な申し出にもかかわらず、会議室に社長はじめ財務、購買、企画、広報など各部署の役員が顔を揃えている。

ロシア側は若い！　二十代後半から三十代。

対する日本側は平均六十代半ば。

まるで親子会議。

ロシアの若い経営陣が日本の最新経済情報など英字新聞を通じてかなり勉強していることは質問内容からもうかがえる。

質問に答える日本側は経営の先輩としての親切心からだろうが、急成長企業の留意点などをロシア人の若い幹部たちに指摘していた。

今後年間十店舗は開店していきたいという社長の意気込みに「まるで昭和三十年代のわが社のようだ」と現在は他社に吸収合併されている日本のスーパーマーケットの役員がつぶやいた。が、それ以上の話は進まない。

ロシア側役員が勢揃いしたのは日本と何らかのビジネスの緒《いとぐち》を掴もうと望んでいたからだ。別れ際には若い幹部たちに失望の顔色がうかがえた。お互いの出会いが早すぎたのだろうか。

十年後、日本側の食品売り込みは苦戦している。

若い社長は、現在は国会議員へ転身した。

モスクワのパン工場とスーパーマーケットでのミーティング後、訪れたウクライナの視察は不可解だった。

視察の一年前、ウクライナの小麦や食用オイルの調査を依頼され、業界紙の記者や公的機関担当者などから話を聞き、工場や港湾施設も訪れていた。

翌年、視察団を実際に案内することになったのは石油のメジャーに匹敵し、世界の小麦市場を牛耳るアメリカ企業のウクライナ支社だった。

彼らのお膳立てで首都キエフからオデッサまで用意されたチャーター便で向かう。

アメリカのメジャー企業が案内した黒海海岸の港の倉庫は空っぽ、積み出し港バージに係留する船は古ぼけて廃船のごとく。わたしが案内候補に選んだ収穫した袋つめの小麦が積み上げられた倉庫や、工事が進む活気ある港湾とは別な寂れた場所だった。

新興国というのは案内する側の意図でどうにでも解釈が可能であるということを知った。それとも日本企業に関心をもたれたくないアメリカコングロマリット企業の戦略だったのだろうか。

●ウラルのプロポリス

ミスマッチのなかで残念に思うのはウラル地方の養蜂産業と薬草を日本に紹介し損なったことだ。

ロシア農業省の売店で素っ気ないプラスチック容器で売られていた「プロポリス入りハチミツクリーム」日本円で三百円。安い！

日本では南米産のプロポリス入りの飲料や錠剤が売られているがかなり高価だ。試みに購入した商品のラベルに「バシコルトスタン共和国プロポリス研究所」とある。

舌を噛みそうな国名は聞いたこともない。

地図で調べてみるとウラル山脈の麓にあった。

販売している女性も明らかにロシア人とは違うタタール系の顔つき。彼女は製造元のプロポリス研究所の職員で農業省の許可を得て、期間限定で販売していると云う。バシコルトスタン共和国の首都ウファから鉄道で二日半かけ、商品をかかえてモスクワに初めて出向いたとのこと。

パンフレットらしきものもなく、良いものだからモスクワに紹介してみようと会社の社長が考えたらしい。

二十個ほどお土産代わりに購入し、日本の友人たちに配ったところ「見かけ悪いけど、肌荒れに良く効く」という評判をえて追加注文が入る。

「プロポリス研究所」というのも気になるし、モスクワ出張の折にバシコルトスタンのウファを訪れた。本当に良いものであれば日本に紹介してみたい。

訪問は二月。現地はマイナス二十五度。

着陸した飛行機の窓ガラスを猛吹雪が叩きつけ、外は何も見えない。タラップを降りると地面から吹き上げる雪煙の中に建物や出迎えの人が墨絵のように現れた。

電話で伝えておいたのでプロポリス社から迎えが来ているはず。

冷気を避け、人混みに押されていると血色の良い中年の男性とスマートな女性が近づいてきた。

「プロポリス？」

「ダーダー」と親戚に出会ったみたいに抱きついてきた。

株式会社プロポリスのバキーロフ夫妻だった。

お互い顔つきがアジアを感じさせるためか初対面ながら親しみをもち、二日間の滞在中、社長家族や従業員にすっかりお世話になってしまう。

ウラル地方の養蜂は古代から受け継がれた伝統産業、特にバシコルトスタンのバシキール地方は「ハチミツの国」と云われるほどロシアでは質の良いハチミツの産地であることは国内では知られている。

プロポリス社ではハチミツ、ローヤルゼリー、プロポリス、花粉、蜜蠟の生成原料からさまざまな製品を開発しており、品目は六十以上に及んでいる。

ウラルの自然環境は人の皮膚には厳しい。夏冬の寒暖差は七十度を超え、夏は痛いほどの強い直射日光、冬は一面白銀の照返しを浴びる。が、バシキールの女性たちの肌は総じて美しい。

日焼け止めクリームなど塗っていないが二十代、三十代でシミ一つない幼児のような肌の女性たちに出会う。中高年の男性でさえ肌の色ツヤは湯上がりのようだ。

日本人の味噌汁のように昔から蜂の生成物に馴染み、体調が悪くなると高額な西洋医学の薬は諦めて薬草やプロポリス、ローヤルゼリーで快癒してきた効能だろうか。

女性たちが使う薬草から抽出した化粧水やシャンプーを使用してみたが肌に優しかった。

「ロシアの豊かな自然は本来、自分の健康は自分で保ち、増強するために人類に贈られた贈り物です」というバキーロフ社長の言葉はウラルの果てしない草原のなかで説得力をもつ。

その後、「プロポリス入りクリーム」は日本の大手健康会社が関心をもち、試験的に五千個単位での発注打診があった。

条件は輸入即、通信販売できるように現地で完全なパッキングやラベリングをしてほしいということだ。普通の貿易取引であれば当たり前の条件だが、プロポリス社にそんな余裕も技術もなく、またそこまでして海外で売って儲けを得たいという考えはまったくない。日本の要求に応えるため、これ以上忙しくなっては家族や従業員の生活も混乱するという社長の言はいたって正論だ。

それならばなぜ訪問のたび盛大に歓迎してくれるのか。

それは「遠い外国からの客人だから」それ以外に理由はない。

●日本の刃物

モスクワのカリスマ美容師から自分の銘を刻んだカット鋏をロシアで売り出したいという相談を受け

た。美容師養成学校の講師もしているし美容師協会にも人脈があるという。別な噂では彼女は世界的に有名なフランスの美容師の恋人だったとも聞いた。

日本の刃物の素晴らしさは日本刀とともにロシアにも伝わっている。

新潟県に本社のあるヘヤーカット鋏製造のメーカーさんが興味を示し、積極的に協力してくれることになった。

二か月後、依頼通りの銘を刻んだサンプルと数本のカット鋏をロシアに持参した。

わずかに髪に触れるだけで音もなく床に滑り落ちていく、その刃先を感嘆のまなざしで食い入るように見つめる美容師さんたち。

メーカーの担当者の顔にも「いけるかもと」楽観的笑みが浮かび、商談になる。

日本の美容師さんのカット鋏は安くても五万円からベテラン美容師さんになると十数万の鋏を使用している。そしてたびたび専門業者に研ぎにだし、何年も使用する。

しかしロシアでは鋏は使い捨て、切れが悪くなれば新しい鋏に買い換える。値段は数千円である。

使用方法が全く違う。

加えて美容師さんの収入は高くない。有名美容師になれば別だが大多数は生活に追われている。月収の十倍はする鋏を手に仕事をすることは現実的に無理である。

ロシアの美容師さんにとって日本の鋏は博物館の展示物にひとしい。展示物を手にしてつい、夢を見てしまったのだ。

自分の名を銘にブランドを確立してロシア総代理店になろうとしたカリスマ美容師も契約を目前にし

て現実に目覚めた。

日本とロシアのビジネス環境の違いやタイミングのズレからミスマッチに終わった例は枚挙にいとまがないが、この辺りで止めておくことにする。

身内の絆

年末年始休業を控えた東京事務所に医療機械を扱う日系企業モスクワ事務所の所長から電話が入る。

「年末納期のロシア語マニュアル、納品が年明けになるってお宅のロシア人スタッフが今朝、謝りにきたよ。どういうことなの？　社長知っているの？」

声は明らかに苛ついている。

「済みません。年明けには必ず納めます。一月三日にはわたしもモスクワに出張します。改めて事情をご報告させてください」とひたすら謝る。

先方も納期にはサバを読んで依頼しているだろうし、ロシアでは一月七日がクリスマスで本格的な仕事始めは一月十日すぎになるからクレームの時間稼ぎはできる。

しかし何故、納品できないのか。ジーマ君から何の連絡もない。

電話のたび「なにか問題ない？」と云っても「大丈夫です」という返答だった。

両親が幼い頃離婚しておばあさん子だったジーマ君は、夜間大学に通い、昼は事務所で働いてもらって三年目になる。日本語も「左です」「まっすぐです」とか数単語で案内してもらっていた二年前より格段に上達し、仕事のコミュニケーションには問題ない。

日本が好きだということもあるし、語学の能力を有していたのだろう。日本人同士の会話を一言も聞き漏らさないようじーっと耳を傾けている。露和辞典をかかえて覚えた単語を使いたがる。口癖は「……を懸念します」だ。「懸念」という言葉がよほど気に入ったらしい。

シェレメチェボ空港に出迎えたジーマ君に早速、納期遅れの原因を問いただした。既にわたしのもとで三回ほど同じ仕事を手配しているから出来ないはずはない。難しい仕事ではない。

「実はですね」と観念したように話しはじめた。

英語からロシア語への翻訳も終え、印刷会社で入力編集作業をしていたところ作業していた女性が誤って作業の終わった分も含めデータを消去してしまったとのことだ。

「翻訳のコピーを取ってなかったの？」

「いつもはデータを別に保管するのですが、今回は急いでいたのでそのまま作業の女性に渡してしまっていたのです」

つまり百ページほどあるマニュアルのロシア語の翻訳データと編集データが消失してしまったのだ。

十二月の中旬のことだという。気の弱いジーマ君だ。真っ青になったことだろう。

話を聞いたロシア人たちの同情が彼に集まる。

日本人に失態を知られないように件の日系企業のロシア人担当者、翻訳者、印刷会社社長たちは、なんとかして窮地に陥ったジーマ君を助けようとした。

翻訳者はもう一度同じ原稿の翻訳をし直す。

印刷会社では編集作業を何人かに振り分け休暇を返上して作業をし直す。

企業の担当者は日本人の上司に告げないで納期遅れをやり過ごそうとした。

「印刷会社のミスした女性はともかく、翻訳者にはもう一度翻訳料金の支払いをしなければね」

会社としても翻訳料の二重払いを覚悟した。悪いのはコピーを取らなかったジーマ君だ。

「いえ、翻訳者への支払いはいいそうです」

一度翻訳した同じ原稿とはいえ、人間の仕事だから再翻訳に一週間は費やすだろう。

しかし、顧客対下請け業者という関係ではなく、「ロシア人」対「なにも知らされない日本人」という構図でトラブル対策が成されていく。ケンカのたえない兄弟でも、弟が他人にいじめられている場面にでくわすと兄貴たちが助太刀に駆けつける、そんな風景を思い出した。

弟分のジーマ君が日本人たちにひどく叱責されると思ったのだろう。

ロシア人たちがタッグを組んで問題を表沙汰にしないで処理しようとした経緯には叱責する気も萎えてしまう。

考えてみれば弱い者、窮地に立つ者には限りなく共感していく。ロシア人の最もロシア的解決だ。

トラブルが起こったら上司に報告するというビジネスルールは通じにくい。

親切とお節介は紙一重

ロシア人は我が身のごとく知人の喜怒哀楽にも共感し、他人の不幸や悲しみに我が身のごとく熱い心情を発露する。

逆にいえば人の生活や心のなかにノックなしで入り込んでくる。

インテリアデザイン会社のナージャと広告会社のオリガが熱心に共通の友人の住まいについて話し込んでいる。

友人というのは中年の料理研究家のエカテリーナのことだ。

彼女は最近有名になり雑誌やテレビなどにも登場するようになった。講演も多い。しかし彼女がモスクワ市内に二十年前から借りているアパートは古くて、汚くてみすぼらしく現在の彼女の立場に相応しくないらしい。

なぜ活躍している彼女が相応しい住まいに改修、あるいは新しい住居に引っ越さないのかわからないが、「今のままではまずいじゃない」というのがナージャとオリガの話の内容。

結果、彼女のアパートをナージャのインテリア会社が無料でリノベーションし、それをリノベーションのサンプルとして広告会社のオリガが雑誌に掲載すればいいのではないか、という話がまとまりつつある。

友人とはいえ本人の全く知らないところで本人に知らせるよりも先に本人のアパートの改修工事が決まりつつある。

ロシア人の「気配り」は「お節介」「早とちり」と紙一重だ。

仕事から帰宅、疲れていたので間借りしている家主のライサ・フョードロヴナに挨拶して部屋にこもって休むことにした。

一時間もした頃、部屋のドアがノックなしで開く。

「お茶、飲みに来ない？」

「今日は部屋で休んでいたい」と返事をする。

彼女はまだドアを開けたまま立っている。

「わたし、気に触るようなこと云ってしまった？　それとも体の具合がどこか悪い？」

そうじゃない。健康でもひとりでいたい時もあるよ。

ひとりにしておく、しばらくほっておく、ということを容認することは「冷たい」人間の行為だと考えているようだ。ライサ先生に「孤独」という貴重な時間もときには必要ということを理解してもらうことは難しい。

結局は、いつものように彼女とキッチンのソファでお茶をしてしまう。彼女も安心して機嫌がいい。

ロシア人を雇用する

東京郊外にロシアレストランを開店したという日本人のオーナーが知合いを介して訪ねて来た。

本格的なロシア料理と店の雰囲気をロシア風に演出するため開店前にシベリアからコックを夫婦で雇用した。若い奥さんにはロシアの民族衣装を着てウェイトレスとして働いてもらうことが条件だ。

夫婦にとって初めての海外が日本。

迎えるオーナー側も気持ちよく働いてもらおうと住まいの環境には気を配り、家具寝具など彼らと一緒に買い物をし、デパートで物珍しそうに眺めている日本のアクセサリーや洋服なども買ってプレゼントしたそうだ。

大切にしてあげればきっとよく働いてくれるだろう、と考えた。

最初ロシア人夫婦も雇用主が自分たちの望むものに何でも財布のヒモを緩めてくれることに驚いたが、そんな行為に慣れてしまうと、それが当たり前になり、要求がエスカレートしてくる。思い通りにならないと不満をつのらせるようになった。

勤務中も休み時間になると歯医者や美容院に出かけ、遅れて帰ってくる。それでも関係をまずくしてはいけないとオーナー家族は「いいよ、いいよ」と我慢していた。が、客商売に支障をきたしてくるようになる。

一方、ロシア人コックとウェイトレスがいるロシアレストランということでマスコミの取材が入る。夫婦はさらに大胆になってくる。

「レストランに客が来るのはわたしたちのお陰よ。もっと給料をあげて、もっと休みがほしい」と云いたい放題。

「帰国の航空運賃を渡して解雇してしまいたいが、なんと切り出せばよいか、店の評判を落とすようなことになっても困る」というのが相談事だった。

これはロシア人夫婦が悪いわけでも、オーナーと家族たちが悪いわけでもなく、日本人側とロシア人側の雇用関係で生じる勘違いが、クビにする、しないに進展してしまった典型的な例だ。

最初に迎え入れる時の対応が一番肝心。

日本側は遠くまで、初めての海外へよく来てくれましたと友人のように迎え入れる。が、ここでお友達関係になってはいけない。あくまで雇用主として接することだ。プレゼントなども不要。生活用品の買出しはバイトの通訳生を頼み、予算額を渡して彼ら自身が買い物にいけばよい。

別に冷たいわけではない。彼らもそういうものだと考え、不満に思うことはないだろう。「特別な人扱い」すると自分たちは店にとって「特別な人」なんだと、素朴なロシア人を勘違いの自惚れに陥らせてしまう。気質的に一部のロシア人は自己評価がかぎりなく高く、自惚れが強いのだからなおさらだ。

さらにプレゼントをもらったのだから、そのお返しをなどという忖度はしない。前章でも書いたが、もう一度しつこく書く。プレゼントをする場合、見返りや別な期待を込めてはいけない。ロシア人にとってプレゼントはあくまでその時、その場でのプレゼントなのだ。

さてオーナーの相談への助言である。

ロシア人夫婦が態度を変えてくれれば雇用してもいいという気持ちはあるという。

そこでロシア人夫妻には次のように話しかけることを提案する。

「あなたたちのお陰で店も有名になり、繁盛していることに感謝しています。あなた方のような優秀な方は東京の老舗の有名ロシアレストランで働くべきでしょう。このような郊外の店で働くのはあなた方の将来によくない。マスコミにも出たあなた方はもっとよい給料で雇用してくれるレストランに移るべきです。わたしのレストランでは日本人のコックを雇い、ウェイトレスのバイトをしてくれるロシアの留学生を探すことにしますから」と残念そうに伝える。

彼らは困惑する。しまった、とも思うだろう。

けんか腰の相手なら理屈で負けないが、自分たちに感謝する、自分たちの将来の事を考えているというオーナーに文句のつけようもない。

冷静になってみれば、新しい職場がすぐに見つかる保証はない。それに自分たちに代わるコックやウェイトレスは日本に沢山いるらしい。悔しいけど自分たちは決して「特別な人」ではないと気づく。

ここで立場が入れ替わる。

シベリア行きの航空券をもらうより、郊外とはいえ東京での生活は刺激的で楽しい。夫婦はどうすべきか頭を巡らすはずである。

後日、オーナーからの電話では彼らは辞めないで、よく働いているという。

「やー、最初が肝心でした」と一件落着したオーナーの声。

飴とムチで育てるとか、褒めて育てるとかいうけれど、ロシア人には当て嵌まらないことを肝に銘じている。

ただし、自尊心やプライドを傷つけないことだ。

ロシア人の自尊心やプライドをくすぐる一つに役職と資格の証明書がある。

あるとき、現地法人を立ち上げる日系企業にロシア人幹部候補を紹介してもらおうとモスクワのヘッドハンティングの会社を日系企業の担当者と訪問した。

ヘッドハンティング会社の女性社長は明快に云う。

「副社長候補者で優秀な人をというご希望には応えられないでしょう。優秀な人は社長しか望みません。雇用するときは副社長でも将来は社長にということであればお望みの候補者に声を掛けてみましょう」

日系企業の担当者は本社の役員と検討のうえ、社長候補のロシア人を探してもらうことにした。

「最初から二番手じゃダメなのです」荷物が重くても、もっと重い荷物を背負うことを目指していくのがロシア人なのだ。

ロシア人の会社にはマネージャーと称する役職の人が沢山いる。というよりほとんどの人の名刺には部下などいないがマネージャーという役職が印刷されている。いかにタイトルが好きかわかる。

資格の証明書も重視される。一日だけ何らかの研修を受講しても受講証明書を要求される。上昇志向やキャリアアップ志向は強い。曖昧な褒め言葉よりも具体的に役職やキャリアの証明書を与えた方が喜んで働いてくれる。だが、全員がというわけではない。

十人中五人が上を目指しても、残り五人は最初から戦列に加わらないし、加わる気もない。

女友達の台詞が浮かぶ。

「中間にいるなんて落ち着かないでしょ。最初からどちらかに属しているほうが落着くものよ」

そう、ロシア人と日本人の落ち着きどころは違う。優秀な人にはポストを与え、思い切って権限委譲する。そうでない人には苦い飴としなやかなムチの力に頼ったほうがいい。

中間の人はいないのだから。

ロシア人的嗜好

「品質が良ければ高くても仕方ないじゃない」

「誰も持っていないモノを持ちたい」

「お金の価値は下がるけど、モノの価値は下がらないからモノでもっていたほうが得でしょ」

ロシア人は大量生産や人工的なモノより、手作り、自然の産物、伝統的なモノ、あるいは地場産のモノを高く評価する。それは他国の産物においても同じだ。


ソ連時代は欲しいものが自由に手にできなかった。

買い物の楽しさに飢えていた欲求不満を解消するように資本主義経済の扉が開くと、目の前にある欲しいものは無理しても所有したい、お金よりモノへの執着が高くなる。

一方、クーデター後、繰り返し押し寄せる経済危機の波、ルーブルを銀行に預金しておいても一夜で半減してしまう経験を持つ都会の消費者はお金を信用していない。チマチマ貯金しても物価上昇に追いつかなければ今を楽しむことに使ってしまおう、それこそ「宵越しの金は持たない」的な楽天的、刹那的傾向が生じる。

このような消費者にモノを売るのは彼らの嗜好さえ知っていればそんなに難しいことではない。

イタリアから靴を輸入販売している店長が店の棚を見て云うことには「七割はイタリアで売っている靴と同じものを並べていますが、あとの三割はロシア人の好みを入れてロシア向けにデザインを特注した靴を置いています。イタリア直輸入ものだけではロシアの場合だめです」

店長はロシア仕様としてイタリアで作られた靴の棚を示した。

「これらの靴はイタリアでは売られていないイタリア製です」

特徴は婦人靴に顕著だ。

ロシア向けに特注した婦人靴は、一言でいえば「女性」的要素が強調されている。

踵の高さが八センチ以上はある細いピンヒールにデコラティブな装飾。別な棚にあるイタリア製のシンプルなデザインとシックな色合いの靴とあきらかに違う。

日本や欧米向けのデザインに比べ、ロシア向けは装飾でも色でも一つか二つあるいは思いきって三つをプラスする必要がある。

野暮ったい寸前がいい。

そしてよりクラシックな「女性」らしさを強調することである。

たとえばロシアの職場では、日本ではパーティ会場以外では見かけないピンヒールをはいた女性を見かける。バランスを保って歩くため腰が振られ、後ろ姿はどうしてもモンローウォークになる。ぴっちりしたミニのタイトスカートで職場を闊歩する女性たち、日本では絶滅種か、ドラマの中だけだろうが、ロシアでは健在だ。

「お洒落して、きょうはデート？」

「ショートカット似合うじゃない。リカちゃん人形みたいだね」

日系の事務所でおじさんたちがロシア人女性スタッフに冗談混じりに気軽に声を掛けている。日本では即「セクハラオヤジ」として睨まれるか無視されるが、ロシアの職場では日常の挨拶だ。むしろ女性たちはあっけらかんと素直に喜んでいる。

中性化している欧米の職場にはないダンディズムとセクシーさをロシアの職場では見かける。

特別な男女関係などないビジネスの場でも、親しくなれば出会いや別れの時にハグする。ロシアに出張した日本のおじさんたちはドキリとし、そのあとでニヤリとしてしまうだろう。

アメリカのビジネススクールを卒業してスポーツジムの運営を任されているユーリャから質問された。

「仕事の話もウィンウィンで進んだ場合、日本の男性にもハグしていいかしら。日本ではハグする習慣ないから失礼かしら？」

「さぁ、相手によりけりじゃない」と返事に窮し、適当に答えた。

わたしの返答もかなりいい加減。

出会いや別れのハグは瞬間的な自然行動で、相手によりけりでは、それこそ失礼というものだろう。

ただし、日本の男性もレストランや劇場で帰り際、ぎこちなさはあってもクロークで同行の女性にコートを着せかけることを忘れないでほしい。これは男女関係というよりロシアでは人間関係に類する。

コートで思い出すことがある。

十一月初旬に突然訪ロすることになった。モスクワでは既に雪が降っている。現地の日本人スタッフに「真冬のロシア用に二、三万円ぐらいのダウンコートを買って、迎えに来る運転手さんに届けてもらいたい」と依頼をしておいた。

中国製のダウンコートなど日本より安く街角の店で買えるはずだ。

現地のスタッフがわたしの依頼をパートナー会社のロシア人女性社長に話したところ「知っている店があるので任せて」とのこと。

紅葉真っ盛りの成田から、到着したモスクワは一面の雪景色だ。

約束通り迎えの運転手が大きな紙袋をかかえて待っていた。

早速受取り、空港の片隅でコートを拡げた。

色は確かに希望の「黒」だが、細かいキルティングが入り、ダウンコートにしてはウエストが絞られ細身でお洒落。おまけに襟と袖口に取り外しできるシルバーフォックスの毛皮が付いている。

日本円で八万円ほどの値段のタグが下がっていた。予算の三倍。

ロシアで冬の寒さがしのげればいいだけ、素敵なコートだけどわたしの意図を脱している。

日本に持ち帰ったとしても日本の冬では着る機会もないだろう。

買い物のお礼を云いつつ苦情めいたことをスタッツに告げると、予算も伝えたがパートナーの法律事務所の女性社長が選んだという。

「ナカオさんは社長だから、安っぽいコートを着てあちこちの企業を訪問するわけにはいかないでしょ。立場にふさわしい、それ相当のものを身につけていかないと失礼よ」言外には「同行者だって恥ずかしい」というニュアンスもある。

そしてなによりもわたしのコートはクロークで男性も触れるものだということを思い出した。日本だったら大企業の社長でも場合によれば、地下鉄にも乗るし、ハンバーガーショップでランチもとる。有名人でも百円ショップで買い物するし、ファストファッションを着ることもある。

誰も恥ずかしいなどと思わない。

しかしロシアではあり得ない。

帝政ロシア時代の名残だろうか、社会のルールとしてプレステージの消費者の行動とマスマーケットの消費者の行動が混じり合うことはない。

件の女性社長を「見栄っ張り」という一言では片付けられないロシア的な階級意識がある。

さらに外見からも社長は社長らしく、医師は医師らしく、親は親らしく、子供は子供らしく、教師は教師らしく、学生は学生らしくあれというあたり前の社会ルールがある。

親も子も、教師も生徒もみんなお友達、どこへもカジュアルというどこかの国と違い、広大な土地に多様な民族が暮らす国では「みんなお友達」では統制がとれない。外見からもわかりやすい階級意識や社会ルールの規範が必要なのかもしれない。

撤退した日本のカフェ

「ロシアでビジネス？」

「大丈夫ですか。恐ろしくない？」

「お金払ってもらえました？」

「輸送途中で貨物が紛失しませんか？」

耳にタコができるほど質問された。

一体誰が、いつ、どうしてこんな噂を日本に広めたのだろう。

ソ連崩壊後、韓国、中国のアジア勢、トルコ、中東から北欧諸国、ドイツ、フランス、アメリカの企業がビジネスチャンスを求めてなだれ込んできた。が、日本企業だけが取り残された感があった。

いや、一九九〇年代中頃には新生ロシアで「笑いが止まらない」利益を確保していた日系企業もある。しかし利益をあげているビジネスは話題にならない。成功よりは失敗のほうが世間にもてはやされる。

大きな利益をあげていた企業が意識的に口をつぐんでいたわけではないだろう。

日本製品の品質の高さはロシアでも知られ、家電のブランド名は有名であった。日本の工場での生産でなくアジアやヨーロッパで製造されていてもブランド名を確立した家電などは日本製として人気があった。

が、他国で製造され、製造国からロシアに輸出される日本のブランド家電の売上げは日本とロシアの貿易統計には出てこない。

バブルがはじけ、消費が落込む日本の家電業界にはロシア市場は福の神だったかもしれない。

某大手食品メーカーもソ連邦崩壊後、ソ連時代に培われた研究開発力に注目し、将来性を見越してモスクワ郊外にアミノ酸に関する研究所を設立した。

日本で同じ研究をすれば莫大な費用がかかるが、安いコストで同じ研究ができると役員たちが喜んでいた。しかし研究開発という地味な成功例も数字にはでてこない。

メディアで流されることだけを事実だとすると乗り遅れてしまうことをロシア市場でまざまざと見た。


ロシアでのビジネスは難しいと経済界がみた例の一つがある。

モスクワの中心部、クレムリンから放射状に伸びるアルバート通りは、東京で云えば銀座通りと浅草仲店通りをあわせたような歴史ある建物と観光客相手の土産物の店が並ぶ歩行者天国。

モスクワで最も賑わう通りである。

このアルバート通りに日本の商社とコーヒーチェーン店が合弁で進出したのは九〇年代後半だった。

従業員のサービス、メニュー、椅子やテーブル、清潔なトイレ、室内のインテリアの観葉植物までも日本のマニュアル通りに揃えられていた。

開店前の数か月は本社から責任者が来て、厳しく指導していたおかげでスタッフはロシア人だが、開店当時の店内は日本だった。

そう、まさにそうだったのだ。

華々しく開店セレモニーが行われ、日本の新聞にも大々的に取り上げられた。が、セレモニーが終わると本社の日本人スタッフは徐々に帰国していく。

社長に雇用されたのが飲食サービス業には経験も関心もなさそうな定年近い日本人男性だった。極東で海産物の取引きをしていたという。ソ連時代からの経験と奥さんがロシア人で、ロシア語が堪能だからというのが雇用の理由。たいがいの日本人なら知っているコーヒーチェーン店の名前だが雇用されるまで知らなかったと笑っていた。

極寒の海で億単位のカニやサケの買付けをしていた日本人がモスクワっ子を相手に一杯百円のコーヒーやドーナツを売る、転職には無理があったのだろう。

店は半年、一年と時間を経るごとにロシア化していく。

売り子は若い女性のかわりにロシア人の奥さんの知合いにかわる。太ったおばさんたちが窮屈な制服を勝手に体型に合わせて変えていく。店内の観葉植物は掃除の邪魔だと片付けられ、壁には安っぽい原色の抽象画が飾られる。スシブームということでドーナツや菓子パンのカウンターに寿司も並べられた。こうなるとモスクワに住む日本人も、来日したことがある日本ファンのロシア人も寄りつかなくなる。

本社ではいずれ二号店、三号店の開店も考えていたが、肝心の一号店で数年後には撤退した。

撤退の記事も日本の新聞に取り上げられた。やはりロシアビジネスは難しいという論調である。

しかし、同じ通りでフランスの美容サロンチェーン店は、次々と新しい店舗を開店している。違いは一つだ。フランスの美容チェーン店にはいつもフランス本社からの常駐者がいる。マニュアルがゆがめられないように常にチェックしている。

お金を出してマニュアルを渡し、責任者を外部から雇い、周到な準備はするが、オープンすると

「じゃ、お願いします」と、お任せで成功するほどモスクワ市場は甘くはなかった。

新市場ではビジネスチャンスは無限にあるが、小売業や飲食店のようなお客に日々サービスを提供する仕事で成功するには「その国に骨を埋める」くらいの覚悟が必要だ。

悩ましき滞在証明書

避けたいと思っていたロシアの警察署に行くはめになる。

ロシアに七十二時間以上滞在する場合「滞在証明書」が必要だ。ホテルに滞在する場合はチェックイン時にパスポートを提示すれば入国許可書に滞在していた日付を記入し、印鑑を押して返却してくれる。これが一番確かな滞在証明となる。

しかしわたしのようにロシア人の個人宅に滞在する場合は地区を管轄する警察署に出向き、いくらか支払って証明書を発行してもらうらしい。らしいというのは百数十回以上のロシア出張で地区の警察に出向いて証明してもらったことはない。なぜか？

聞いた話では証明書をもらいたい人が沢山いて長い列に並ばなければいけない、警察の受け付窓口の時間が限られていたり、他の事件が起こった場合は突然閉まってしまったりと、丸一日は完全につぶれる覚悟が必要なこと。ホームステイ先の事情もある。

ライサ・フョードロヴナのご主人は亡くなっていたが軍人であった。また結婚した娘イリーナの夫の職業も軍人である。軍人関係者の家庭に外国人を住まわせることに警察が注意を払うのではというライサの懸念があった。ソ連時代の不安が身に染みついているようである。

あれこれの事情をかかえる人のために証明書取得ビジネスが生まれている。小は地区警察の順番待ちの請負や、大は正規の旅行会社が代行する本格的なサービスまである。

到着から帰国まで仕事が埋まっている場合、大概は現地の旅行会社に滞在証明を依頼する。旅行会社の提携（?）ホテルが証明書を発行してくれる。したがってわたしの滞在は百ドルで泊まったこともないホテルの一室が滞在先として証明される。

サンクトペテルブルグの場合は三十ドルぐらいで安い。これには都市の事情もある。サンクトペテルブルグのような観光都市では、民泊やプチホテルを登録なしで経営している人も多いのだろう。宿泊施設も足りないため暗黙の了解があるのだろうか。

モスクワでは「必要悪」の匂いがするが、サンクトペテルブルグでは滞在証明の発行は観光事業を支えるビジネスだ。

旅行会社の窓口で女性スタッフが「本日何時までの提出は何時以降に発行、それ以降の受付は明日午前中」と書かれた伝言板の下で、カップルの外国人旅行者や自転車を担いだ若者に受付用紙を渡し、前金を受け取って事務的に処理していた。

太陽が差し込む部屋で次々発行される滞在証明の手続きに「闇」の陰りはなかった。

話を警察に行くことになった事情に戻す。

日本人のロシア市場視察団十数名を案内することになった。

モスクワ到着の翌朝は午前六時の国内便で南のクラスノダール州に出発するため四時前にはホテルを発たなければならない。

わたしも彼らと同じホテルに宿泊するため予約を入れていた。受け入れ準備もあり三日程前にモスクワ入りし、前述のホームステイ先のライサ宅に宿泊していた。

日本人グループを案内するから四日ほど留守にするということはライサ夫人に告げてある。彼女はそれならその間ボルガ川の畔にある友人の家に遊びに行くことにすると云った。

日本人団体のチェックインもすみ、一時間後にロビーに集合、夕食のレストランに案内することを告げて、さて、自分のチェックインである。ホテルの予約番号はもらってある。

レセプションの女性がパスポートを見ながらこちらに顔を向けた。

「あなたの昨日までの滞在証明書がありませんよ。したがって今日このホテルに宿泊することはできません」とにべもない。

忙しく走り回っていてすでに滞在期限の七十二時間を過ぎていることに気づいた。つまり「不法滞在」。

十年程前はホテルの別な窓口でいくらか払って滞在証明をもらい宿泊できた。

さすが、違法滞在は厳しく取り締まられるようになっていた。いろいろ説明して、お金を払おうとしても「ニエット」の一点張り。ホームステイ先に帰ろうにも家主のライサ夫人はボルガの友人宅に出発してしまい鍵はない。

日本人団体客がロビーに集まりはじめる。

トラブルを伝えて心配させるわけにはいかない。

夕食のレストランへは添乗員に案内してもらい、わたしは急用ができたからとロビーに残った。

悪いのは手続きを忘れていたわたしだが、ここで冷静にならなければいけない。

先ほどと違うレセプションの上司らしい年配の女性に今日チェックインした日本人団体の案内人であること。滞在証明書を忘れて友人宅に宿泊していたこと、明日早朝に出発しなければならないためホテルの予約はすませてあるなど説明。

「わたしはどうしたらいいか、あなたの指示がほしい」と問いかけた。

解決方法を自分で考えるのではなくこういう場合、ロシア人に委ねてしまうのも方法である。自分の考え、自分の意見を云うことが得意な人たちだから。

彼女は云った。

「わたしの考えでは、別なデスクにいる女性に相談すればいいでしょう」と。

確かにレセプションから離れたデスクに一人の女性が座っている。彼女の前のプレートがなんと表示してあったか忘れたが、滞在中の相談窓口だったと思う。

わたしの事情を聞いた女性はどこかに電話を掛けた。

そしてメモを渡された。

「今からここの警察署に行きなさい。そして手続きをしてきてください」と云う。

「五時を過ぎています。まだ警察は受け付けてくれるのですか？　受け付けてくれるとしてもこの警察署は何処で、どのように行ったらいいのですか」

「大丈夫です。今、電話で話しておきました。案内する車と運転手さんが来ますから、ここで待ってください」と指示された。

運転手が来る間、トイレでジーンズ、Tシャツからワンピースに着替え、スニーカーからハイヒールに履き替え、ブランド物のサングラスやコート、皮のビジネスバッグを手にした。

宿無しの不法滞在者ではないという警察へのアピールのつもりだ。

警察はクツーゾフ大通りから南にまっすぐで左折したところにあった。普通の警察より大きな建物である。塀で囲まれた入り口までは三十メートルはある。

入ったとたん不法滞在者としてお縄がかかっても困る。運転手に「お金はホテルに帰って払うから門の前で待っていて」と云い残し、建物に向かう。

扉を開けると薄暗い廊下の奥に鉄格子が突然見える。

中に入れられた人たちの目が一斉にこちらを向く。

交通違反者だろうが、酔っ払いのケンカだろうが、不法滞在者だろうが、とりあえず鉄格子のなかに入れ、身内か知人の引き取り人があらわれるまで隔離しておくようだ。

入り口脇の部屋に通され、所長らしき人が、書類を示しサインして六十ドルを払いなさいと云う。あっけなく滞在証明書に印鑑をしてくれた。礼儀正しかった。それに証明書を旅行会社に依頼するより安いではないか。警察を訪れる機会など無いだろうと「会社の経費にしますので領収書発行していただけませんか」と云ってみた。

所長は一瞬戸惑ったが、発行しないと逆に問題になるのではと思ったのか、A4サイズの領収書を発行してくれた。これは記念として持っている。

ホテルからタクシーで片道五分であるが、運転手から往復で百ドルを請求された。十倍ではないか。やはり高くついた。

その後、この運転手がホテルのロビーをウロウロしているのを見かけた。運転手はふつうは駐車場で客を待ち、ホテルのロビーに入ってこない。誰と誰が、あるいは何処と何処がトラブル解決サービスの提携をしているのかわからない、皆が仲間ではないかとも思える。

体制崩壊から二十年足らずの国では法律や制度が追いつかないのは当たり前、そんな時代をしたたかに生き抜くロシア人には、こちらもしたたかにならざるをえない。

宇宙を描くアーティスト

モスクワ中心部のエルミタージュ公園の中にあるウズベキスタン系レストランが待合せの指定だった。午前十一時、レストランも開店したばかりでがらんとしていた。

窓際の中央アジア風の洒落たソファに座ってメニューを眺めているとガラス戸越しに窓の外からノックする黒いコートの人がいた。薄いグレーの瞳に強い光が宿るくっきりとした目。見覚えがある……数秒おいてから記憶が蘇った。

容貌も体型も変わっていたが、待ち人のニットデザイナーのリュデミラだ。六年ぶりだろうか。

彼女のデザインするニットを〝ブランド〟として日本の最新の編機で製造し、ロシア市場に売り込もうするビジネスでパートナーとして活動してきた戦友だ。

話は一九六〇年代、七〇年代にさかのぼる。

福島県伊達市は数ある日本のニット製造集積地の一つであった。ソ連時代は商社を通じ、年間数十億円が共産圏ソビエトに輸出されていたという。

しかし、ソ連邦の崩壊で輸出はゼロになる。

日本のニット産業自体も生産拠点が中国に移り、斜陽産業と云われていた。伊達市も同様で、生産量は十分の一以下になってしまい廃業していく工場もあった。

継続している工場も長年の技術力で国内外のブランド品や有名デザイナーの委託で維持している。技術力も最新設備もあるのでなんとかしたい、と同じ建物に入居している伊達市出身で企画会社の女性社長から聞いていた。

年に数回、土日に彼女のオフィスで販売会を催し、友人知人に声を掛けていた。彼女としては少しでも地元産業に貢献したいという想いからだろう。

たまたま休日出勤していたため誘われたことがある。

お付き合いのつもりでセーターを買う。黒いセーターは一部、黒のスエードが使われ高級感があるわりには工場直売なので安い。

が、工場のおばさんたちが考案したらしいデザインが今風でない。

「ロシアのニットデザイナーに相談して、伊達のニット工場で製造したものをロシアへもう一度売り込んでみたら」と軽く発言してしまった。

二年近く経って、件の女性社長からの電話。

「いつぞやはアドバイスありがとうございました。商工会に話しました。会長も乗り気で、ロシア進出の企画書を国の中小企業支援事業へ提出したところ採択されました。ついてはロシア進出の窓口として専門委員に加わっていただきたい」との要請。アドバイスしたという意識もなく、口にしたことも忘れていたが言い出しっぺとしては後には引けなかった。

「福島県の阿武隈川、阿武隈平野……」

確か中学の教科書に出ていた地名だなと思いつつ新幹線を福島で降り、駅舎のはずれにある二車両の阿武隈鉄道に乗り換える。

出発して次の駅から無人駅、駅が近づくたびリンゴの郷、とかモモの郷というアナウンスが流れる。のどかな風景の中を走ること三十分、梁川駅に降り立つと女性社長が手を振って出迎えてくれた。

梁川商工会（現伊達市商工会）で高級ニットをロシアに売り込む初会合が開かれた。

二〇〇七年初夏である。

一年後、モスクワ在住のニットデザイナーのリュデミラが伊達市に招聘された。来日に先立ち彼女から試作用に二十数点のデザイン画が送られてくる。

工場側では技術への挑戦を鼓舞するかのようなリュデミラのデザイン画に職人魂を掛けて挑む。素人目にはどれも独創的で奇抜なデザインだ。なかには背中に数十個の大小の白い風船をつけ宇宙服が佩になって空を舞うようなデザインもある。

地元での展示とショウの前日、来日してはじめて自分のデザインした作品を手にしたリュデミラは満足以上の並々ならぬ感動を伝えた。

「わたしは名の知れたヨーロッパのニット工場をほとんど回っています。比較しても伊達市の製造技術、品質はそれらのヨーロッパのニット製造集積地に引けをとりません」

「送ったデザイン画の作品をまさか質問もなく、すべて制作するとは驚きました。いくつかはイメージだけの作品もありましたから、実際に制作していただけるとは……。今後はわたしのデザインを日本で制作してみたいと思います」と云い切る。

リュデミラ・ナルソヤンはグルジア（現ジョージア）の片田舎で生まれた。大学での専攻は生物物理学。ニットの世界に入ったのは、編み物をしながら育ててくれた祖母の影響だという。ニットデザイナーとして独立し、活躍をはじめたのは四十歳になっていたから遅いデビューだ。が、それまでに蓄えていた実績と天賦の才能は一気に花開いたのだろう。

色もデザインも素材も自在に扱い、ロシアファッションの世界では脇役だったニットを前面に押し出した功績は大きい。

彼女の人脈と販売ルートを通じて、ロシア人デザイナーたちがデザインし、伊達市の工場で製作されたニットがモスクワやサンクトペテルブルグの高級ブティックやホテルのショッピングモールで販売されるようになった。

二〇一一年の年明け、秋冬物の試作品も検品が終わり、伊達市では予約注文窓口のリュデミラからの発注数量をまっていた。

三月十一日、東北太平洋沿岸を地震と津波がおそう。

伊達市の工場では原発の直接被害はないものの、チェルノブイリ事故を経験していたロシアは反応した。予約見込みの店舗から次々とキャンセルが入る。

仲介のリュデミラも責任を感じているが彼女の責任ではない。一部は買取りで自分のアトリエで販売していくと申し出てくれたが、リュデミラに金銭的負担を背負わせる訳にはいかない。

それに彼女はどうみてもビジネス向きではなく、アーティストだ。

その後、福島の工場は被害について東京電力と話合いがもたれたと聞く。

着る物だから放射能汚染なんて関係ないだろうという説明はロシアでは説得力はなく「フクシマ＝ゲンパツ」は一人歩きしていき、立ち上げかけたビジネスは頓挫した。

その後、リュデミラとの関係は若干の気まずさを残しつつ疎遠になっていた。

レストランで再会したリュデミラから六年前のシャープな面影は消えていた。

癌が発覚し、今春、イスラエルで手術をして現在も治療中とのこと。ニットの帽子を瞼の上まで深くかぶっている。

「こんなになっちゃった」と、帽子をさっと取った。

ギリシャ彫刻を思わせる端正な顔立ちは満月のようにふくらみ、巻き毛の豊かな黒髪だった頭には白くて細い産毛がまばらに光っているだけだ。

抗がん剤のため外見や体型はすっかり変わってしまったが、話はじめた途端、わたしの知っているリュデミラだった。

ニットの話になると頰がピンク色に染まり瞳を輝かし、話題は尽きない。最新の編機の技術のことも、あいかわらず勉強熱心で情報の網を張り巡らせているが、体力的にはニット製作は無理、代わりにイタリアでスカーフのデザインをしていると云い、「お土産よ」と彼女のデザインしたスカーフを渡してくれた。

黒地のシルクのスカーフ。広げてみると黒地の中に白い点描文様が鏤《ちりば》められ、ところどころに鮮やかな青い野球ボール大の球が浮かんでいる。

彼女が説明する。

「黒い背景は宇宙。白い模様は宇宙飛行士たち。ブルーの球は地球なのよ」

癌に冒されても九十センチ四方の布に壮大な宇宙を描いてしまう還暦のデザイナー、リュデミラ・ナルソヤンが健在であることが嬉しくなる。

大衆消費社会へ――ホップ、ステップ、ジャンプ

一九九〇年代から二〇〇〇年代前半の十五年間でモスクワは大衆消費社会に突入した。幸運にもわたしはその様をつぶさに眺めることができた。

そして同時期、この生まれたての市場で奮闘していたであろう、カナダ出身の女性の姿が浮かぶ。サラ・カサノバ、現在のマクドナルド日本の社長だ。

マクドナルドがモスクワ中心地に一号店をオープンしたのはソ連崩壊直前の一九九〇年。それから十五年足らずでロシア三十都市に出店。モスクワだけでも七十店以上を数えた。世界のマクドナルドのほとんどがフランチャイズであるが、ロシアの場合は自社店舗であった。これが成功の原因の一つであったろう。

そもそも昨日まで社会主義経済だったロシア人にフランチャイズシステムがなんたるかを説明し、理解させ、運営させるのは至難の技と時間がかかる。自ら手本を示し、体で覚えさせていくほうが苦労は多くても正解だ。

マクドナルドが自社店舗として破竹の勢いで進撃している時期、責任者としてモスクワに赴任していたのがサラ・カサノバだった。

話は逸れるが、日本マクドナルドの業績は中国工場での杜撰な製造過程や食材の取扱いが映像で流れ、日本では客離れが止まらなかった。業績も赤字に転落。二〇一三年、日本人社長が責任をとって退任。

そして日本マクドナルドのはじめての外国人社長として就任したのがサラ・カサノバだった。最低まで落込んだ業績の会社の社長なんて、火中の栗を拾いにいくようなものだ。が、五年後の二〇一七年の決算では黒字、それも最高益をたたき出した。社会主義経済崩壊直後のロシアにマクドナルドを根付かせただけの人だ、日本市場を起死回生させた彼女の仕事に対する取組みと洞察力はロシア体験が少なからず影響しているはずだ。

マクドナルドのロシア進出は、サービスにはマニュアルがあるということをロシア人が知った出来事でもあった。

いつでも誰に対しても同じ味、同じ量、同じ品質、同じ料金、同じスピード、同じ清潔なテーブルで提供されるという公平さにモスクワっ子は感動し、一号店開店時は一日に一万人が来店したという。

マクドナルドがロシア人にとって最初の欧米の消費社会の出会いだとしたら、第二段階の出会いはトルコのスーパーマーケット、ラムストールの出店だろう。

国の体制が崩壊しても食料品や日用雑貨は露天市場かソ連時代のままの店で買っていた。

ソ連時代の店での買い物スタイルは複雑、非効率。まず店員の後ろの棚に並んでいる商品から欲しい商品を伝えると、店員が商品番号と金額を書いた紙を渡してくれる。その紙をもって会計に行き、支払いをすませてレシートを受け取る。もう一度商品棚の店員のところに戻り、レシートを見せて、はじめて商品を渡される。商品を手に取るまで三回は並ばなければいけない。お金を払ってからでないと商品に触れることは出来ない。目をこらして商品棚をみつめ、迷っていると早くしなさいとばかりに睨らみつけられる。商品は卵を買おうが、リンゴを十個買おうが袋に入れてくれない。むき出しのままだ。それでも受け取るときなぜか「ありがとう」と、売ってくれる人にお礼を云う。ロシア人は買い物とはそういうものだと八十年近く思っていたのだ。

一九九七年、外環状線沿いに開店したウサギがトレードマークの郊外型大型ショッピングセンター、ラムストールはロシア人の買い物スタイルを変えていく。生活のためにエネルギーと時間を割く苦痛から開放し、買い物をレジャーに変えた。食料品や日用品の棚に並ぶ商品は手にとって、色、材質、価格を選択する自由を味わう。欲しいものをカートに入れ、レジに行くだけで支払いが済ませられる。二階、三階には書店、家電、インテリア、子供服、婦人服、スポーツ用品などの専門店、ゲームセンターやレストラン、カフェ、美容院、映画館も併設されている。ソ連時代にはなかった家族で一日過ごせる屋内遊園地となる。ついでに必要なものを買う。

マクドナルドとラムストールで欧米型消費社会へとホップ、ステップしたモスクワで最後のジャンプは二〇〇〇年にモスクワに進出したスウェーデンの家具・日用品のイケアだ。イケアは商品を通して生活スタイルの提案をしてくれた。五千台の駐車場を持つ広大な敷地の一階は出入り自由な倉庫と三十台以上のレジカウンター。

二階は商品がライフスタイル別に展示してあり、回遊式に様々な生活スタイルを想定した模擬部屋が造られている。都会で暮らす若い夫婦のキッチンとリビング、学生の勉強部屋、ダーチャ（農園付き別荘）で暮らす老夫婦の家など。それぞれの暮らしに合うソファやテーブルセット、カーテン、絨毯から照明器具や家電製品、部屋着からスリッパまでまるでそこですぐに生活できるように設えてある。そして全ての展示商品には番号がついている。客はまず目的の展示部屋で気に入った商品の番号をメモする。全て買いたい物のメモを終えると一階の倉庫に行き、番号の商品を選んでカートに積み上げ、レジに行く。

搬入やお目当ての番号を探し当てるのは倉庫係の作業服の店員が手伝ってくれる。イケアで買い物をするということは自分の生活スタイルや家族構成や趣味を想定してから出かけるか、自分の生活スタイルのヒントを求めて行くことになる。

ソ連時代、モノを選ぶこともできなければ、生活を選ぶなんとことはとうてい出来なかった。生活スタイルを自由に選べ、選ぶ生活によってモノを選択することが出来る、この体験はロシア人にとって新鮮だった。

イケアはモスクワ州の外れ、シェレメチェヴォ空港へ向かう幹線道路沿いであったが、イケアの開店でただでさえ渋滞するレニングラード街道は更に渋滞し飛行機に乗り遅れる人も出たときく。

わたしもお客の多い家という模擬展示場で購入したワインクーラーとワインを提げるバッグを手にレジに並んだが、どのレジも大型カートに商品を山のように積み上げたロシア人の列で進まない。飛行機の時間が気になってきたので広い店内を全速力で元の売り場に戻しに行った。

モスクワ一号店はイケアの世界戦略のなかで最も成功をおさめたと語り継がれている。ロシア人はイケアとともに大衆消費社会へジャンプした。

日本人のなかのロシア

倉敷の路地の小さな骨董屋さんにロシア人と一緒に立ち寄った。

奥で主だろうか初老の男性が退屈そうに店番している。

「どうせ買う気ないでしょ」と云わんばかりに一旦上げた顔をうつむけてしまう。表の通りは観光客でそれなりに賑わっているが、ひやかし客でもめったに裏の狭い道まで入ってこない。

連れのロシア人夫婦は信楽の花瓶が気に入って購入する。

主は商品を包みながら重い口を開いた。

「どこの国?」

「ロシアよ」

主はあらためて客の顔を見つめた。

そしてロシア民謡「カチューシャ」のワンフレーズをロシア語で歌い始めた。

主のロシア語はうろ覚えで時々途切れる、と連れのロシア人が補って唱和する。主もだんだん思い出したようだ。何回か歌ううちに完全なロシア語の「カチューシャ」になる。

学生時代過ごした京都の歌声喫茶でロシア民謡を歌っていた。

ロシア語の歌詞は、シベリアに抑留されていた従兄から教えてもらったとのこと。

倉敷の路地裏に半時間ほどロシア語の「カチャーシャ」の合唱が流れた。


二〇一七年八月下旬、週三便の成田、ハバロフスク行きのSセブンに乗った。

満席、それもほとんど日本人だ。夏には極東への観光客がこんなにも増えたのかと旅行会社の営業力を見直した。

窓の外を熱心に見ていた隣席の六十代とおぼしき女性が話しかけてきた。

「ロシアは初めてです。外国も初めてですが」

「初めての海外が、ロシアなんて珍しいですね」

よほど興味があるのだろうか。

「父のお墓参りです」

満席の理由がわかった。

彼らは「シベリア墓参団」の一行だった。そういえば明らかに僧侶らしき人も数人加わっている。

女性が続ける。

「参加者同士が知合いということはないのです。わたしは会長さんを知っているだけ」

彼女がおしえてくれた会長という方は、九十歳は超えているだろう。

「戦後、父の上官だったという方が母を訪ねてきたそうです。そして、病死した父を埋葬した地図を渡してくれました。母は父の墓参りを願っていましたが、五年前亡くなりました。生きていても体力的には無理だったと思います。墓参団の参加者も関係者も高齢になって来年はどうなるかわかりません。昨年退職したのを機会に、母の代わりに思い切って参加しました」

彼女がもっていた地図と古ぼけた写真、メモ書きのようなイラスト図を見せてくれた。

「父はここに眠っています。肉親が眠っている場所を特定できない参加者が多いのですが、上官のおかげで父の埋葬場所は特定できているので幸せです」と語った。

示された地図はバイカル湖の東北部あたり、写真は草むらにわずかに土が盛られ、墓標が立てられていた。けっして立派なものではない。その先はタイガの森。墓参団は最寄りの空港まで飛行機で、そのあとはいくつかの班に分かれてバスで埋葬地に向かうという。

彼女にとってロシアは父親の眠る土地、それ以上の想いはない。

クレムリンや赤の広場などの観光地を別にするとモスクワ市内で地下鉄、バス、街角、ショッピングモールで日本人を見かけることはほとんどない。

人口、面積からもヨーロッパ最大の都市にしては希有なこと。

大使館員とその家族、留学生を含めても領事館に登録されている日本人は二千人に満たないらしい。

しかし、中心部のマネージ広場から放射状に伸びるボリシャヤニキツカヤ通りにあるカフェにいくと何人かの若い日本人に会うことができる。

世界的音楽家を輩出してきた国立コンセルヴァトリア（モスクワ音楽院）があるからだ。音楽、バレエの分野では今ではお金を払えば短期レッスンも可能。学生たちは世界に羽ばたく夢を見て学んでいるが目的を達成するのは一握り。例え中途で日本に帰国してもモスクワ音楽院やバレエ留学体験は十分箔がつく。

二年前、シベリアのブリヤート共和国の首都ウランウデに出張した。国立オペラ劇場のバレエ監督は、ボリショイバレエ団でソリストとして長年活躍していた岩田守弘さんだ。ブリヤートに住んでいる日本人の数を尋ねたところ、七人とのこと。岩田氏の他、四人は岩田氏の指導を受けに日本からやってきているバレリーナたちだ。

日本でのボリショイバレエ、サーカス公演、エルミタージュやプーシキン美術館の絵画展は大人気だ。日本人によるロシアのオペラや演劇でも同じように多くのファンを動員しているのだろうか。

六本木の小劇場でドストエフスキーの「カラマーゾフの兄弟」の公演があった。公演回数は八回だったと記憶する。

知る限りでは有名な出演者はいない。劇場と事務所が近いこともあり一週間前になってチケットの申し込みをした。

——雪模様の二月半ば、ロシアの父親殺しの暗い劇など観に来る人は多くはないはず。切符は急いで申込むこともない——都合のよい日に予約センターに電話を掛けたところ「前売り券はすべて完売しています。観劇したい場合は劇場の受付で当日券を売り出しますから並んでお買い求めください。ただし枚数は限られております。先着順になりますのでご了承ねがいます」と事務的に突き放される。

防寒の身支度をして早めに出かけ、列に並んだ。

日本人の演じるロシア劇、ドストエフスキーの「カラマーゾフの兄弟」、完売するほど人気あるの？そうではないことは華やかな劇場ロビーの雰囲気ですぐわかる。

多くは出演者たちのファン、あるいは演劇マニアっぽいひとたち。

たまたま題目が「カラマーゾフの兄弟」ということで、ロシアの大作家に想いをよせて切符を手にしている人は何人いただろう。

「歌声喫茶」「シベリア抑留」「バレエ、音楽、演劇」などのキーワードしか日本人のなかにロシアがないとしたら、二十一世紀の日本にとって、ウラジオストクがヨーロッパへの玄関口だった明治・大正時代より「遠い」国になっているのだろうか。

わたしのロシア

ある夏、友人のダーチャに招かれた。

白樺の林、野菜畑、セイタカアワダチ草の茂る原っぱ、わずかな起伏の丘に三々五々建てられたダーチャ。トマトやキュウリやベリーを収穫していたが天気は一瞬で変わる。

遠くで雷の音を聞く。

たちまち黒い雲が低く地上を覆いはじめる。

空気が重くなる。

収穫物をかごに入れ家に駆け込むと同時に空が光り、爆撃のような雷の音。

風は止み、墨色の草原に天空から地平線に何本もの太い赤い閃光が走り続ける。

天と地が割けていくようだ。

数十キロ先の林に落ちた雷が火災を起こしたのか辺りが夕焼け色に染まった。

やがて大粒の雨が地表を叩くように降り出し、昼の闇に包まれる。あいかわらず稲妻は火を噴く怪物のように走り回る。

天と地を舞台にした荘厳なショウを、窓からわれを忘れ見続けた。

もう一度訪ねたいロシアはどこ？　と問われれば迷うことなく「キスロヴォック」と答える。スタヴロポリ州にあるコーカサスの麓を二泊三日で訪れたときは体調をくずし、ホテルでほとんど休んでいる状況だった。

モスクワからシベリアやコーカサス方面へのフライトは何故か深夜から夜明けに出発する便が多い。前日の夕方十時間のフライトで日本からモスクワへ、時差ぼけ寝不足のまま翌日夜明け前、南へのフライトに搭乗。日本からただ一人参加したわたしは体調がついていかない。ホテルに到着後、そのままベッドに伏してしまう。

それでも折角来たからにはと体を起こしてはグループと離れてホテルの窓から町を眺め、調子が良いときは散策にでかけた。

ひと言でいえばキスロヴォックは「日本の軽井沢」。

緑濃い樹木の生い茂る石畳の歩道の日陰には果物、野菜、花屋の露店が並ぶ。メロンやイチジクの高級果物が惜しげもなく積み上げられて売られている。ソ連時代の無味乾燥な建物は目立たず、かわりにロシア革命以前の貴族の屋敷が残る。

「クシェシンスカヤ邸」と表示があり、足を止めた。

マチルダ・クシェシンスカヤ、ロシア帝室バレリーナで最後の皇帝ニコライ二世の結婚前の恋人として知られている。皇帝と別れた後、結婚してどこかで暮らしているという話は知っていたが、コーカサスの麓の豪華な邸宅に暮らしていたとは知らなかった。屋敷は残念ながら閉館されていて見学できなかった。

渓流沿いの歩道を遡って行くと立派な美術館がある。美術館の周りには花や樹木が植えられ公園のように手入れされていた。「ヤロシェンコ記念美術館」だ。ヤロシェンコ夫婦が住んでいた屋敷がそのまま博物館となっているため、知合いの別荘を訪れているような安らぎが家屋にも広い庭園にも流れている。

ニコライ・ヤロシェンコは十九世紀後半の移動展派画家の一人。医者の家の出身で彼自身は軍人であった。「見知らぬ人」で有名なクラムスコイら移動展派画家の集合写真で軍服姿の男性が写っていたら彼がヤロシェンコだ。生活のために絵を描く必要はなく、注文で描いたことも絵を売ったこともない画家であるがエルミタージュ美術館やロシア美術館、地方の美術館でときどき目にする。

館内の展示パネルにある車椅子に乗った中年の女性の写真に見覚えがある。女性館長が「この女性はヤロシェンコの作品〝女学生〟のモデルです。彼女はトルストイの秘書チェルトコフと結婚したのですが、足を悪くしてこちらで暮らしていました。ここにはトルストイも秘書も来ておりましたから」と説明してくれた。車椅子の女性の横顔に〝女学生〟の面影があった。

革命前にこの地では貴族や有名な作家、芸術家たちの交流が華やかに繰り広げられていたのだろう。腹痛、吐き気、微熱のまま去った地に未練が残る。

キスロヴォツクは体調を整えてもう一度訪ねてみたいロシアのリゾート地だ。

二〇一七年秋、サンクトペテルブルグ。

雨が多く、雪にはなっていなかったが夕暮れになると冷え込みがきつくなる。

ネフスキー大通りの銀行で所用を済ませた後、足が自然とセンナヤ広場に向いた。ドストエフスキーの作品『罪と罰』で主人公ラスコーリニコフが大地に接吻し、ソーニャの前で罪を告白し懺悔した場所だ。街並を保存するため規制された運河沿いや二世紀は経ている建物が並ぶ。夕闇の中からマントを翻してラスコーリニコフが現れそうな路地も残る。が、大通りにでると人と車と騒音で溢れている。

辿り着いたセンナヤ広場もどこにでもある人混みに溢れる駅前広場になっている。「罪と罰」の舞台を偲ぶ往時のこん跡は微塵もない。

二〇一七年秋、モスクワ。

わたしはモスクワ川のボリショイ・モスクヴァレツキー橋に佇んで幻をみていた。左手からクレムリンの壁、赤の広場、聖ワシーリ寺院、グム、最初にモスクワに来た二十五年前と変わっていない。

忽然と消えたのは正面に伏魔殿のように横たわっていた部屋数三千を超える巨大ホテル「ロシア」だ。ソ連時代のシンボルである。

他のソ連時代のホテルは外資を入れながらヨーロッパ風のホテルに改修されているが、ホテル「ロシア」だけは取り壊された。改修するにしてはあまりにも巨大すぎたのか、外資の借地にするには立地が政治的に微妙だったのかはわからない。

はじめてロシアに来て泊まったホテルだった。

一九九四年の新年の歓声をホテル「ロシア」のベッドで聞いた。

あれから四半世紀が過ぎ去っていた。

ホテル「ロシア」の跡地は、目を疑うほど視界が広がり、憩いの公園に整備されている。橋から見下ろせば数十台の大型バスが停まり、観光客がそぞろ歩く。

その先にはガラス張りの展望橋がモスクワ川に掛けられ、観光の新名所となっている。

振りかえれば救世主キリスト大聖堂のドーム、その背景に川霧にかすむモスクワ・シティの近代的高層ビル群。

四半世紀前に目の前の風景を誰が想像しただろう。

わたしの知っている伏魔殿のモスクワこそ、モスクワでありロシアであった。

目の前の現実の風景は蜃気楼のように見える。

出会いから生まれたライフワーク

六十代半ばから仕事の退き時を考えていた。

それを口にすると「え、生涯、仕事の現役じゃないの！」と驚かれる。確かに仕事は刺激的で面白く、自分を鍛えてくれ、仕事のなかで学び、成長してこられた。そのときどき多くの人に出会い、助けられ、十二分にやってきた達成感と満足感はある。しかしせっかくの人生、仕事だけで埋め尽くすのは惜しい。

欲張りだ。

規模の大小に関わりなく自分で経営していると勤め人と違い、自身で決断しなければ身を退く機会を失い、いつまでも続けてしまう。

そこで一年間の期間を設けスタッフと話し合い、スタッフは外注業者として独立してもらうか、業務ごとの委託契約とし自宅作業を主としてもらう。つまり従業員はゼロとする。そして新しい仕事の受注は新たに契約し直したスタッフが決める。長年の得意先には信頼できる同業者を紹介していく。ロシアビジネスも中途解約できない契約か、先方にも多大な迷惑のかかる仕事だけに絞った。

独立して会社を作った時代からビジネスの環境は激変している。

最初はファックスの登場に感激したものだが、ワープロからパソコンへ、そこからネット通信、スマートフォンの発達。業種によっては決まった時間にオフィスに出勤する必要はなく通勤時間はかえって時間と体力のロスにもなる。国際電話も無料に近い。国際宅配便も充実している。会社の形態を変えつつある時期が幸いにも時代の流れに重なり合う。

五年前、会社の決算を機にオフィスも必要最低限の備品に整理した。通勤していた最後のスタッフも挨拶して去った日、わたしもオフィスのドアを閉め、鍵をかけた。不思議なことに仕事への未練もなく、三十数年間背負い、守らなければならない「責務」を肩から下ろした解放感に包まれた。下ろしてはじめてその重さを知った。

そんな頃、西伊豆の戸田《へだ》で一人の男性との出会いがあった。「出会い」は生きている人間ばかりとはかぎらない。彼の名はエブフィミィ・ワシリエイッチ・プチャーチン。

日本の歴史もロシアの歴史も受験用に学んだ程度の知識しかなく、二つの国の歴史はわたしの頭では並行する二本の川の流れのように個別に入力されていた。日ロ交流史といっても井上靖の大黒屋光太夫を主人公とした『おろしや国酔夢譚』しか浮かばない。

二〇一一年の春、サクラの季節は終わり新緑の季節に向かう端境期、戸田郷土研究会の山口展徳さんという男性から電話をいただいた。

「ロシアとビジネスしているそうですが、戸田はロシアと歴史的に関係の深いところです。ご都合の良い折に案内します」と熱心におっしゃる。ありがたいけれど予備知識はないし、一方的に説明を聞くだけというのも申し訳ない。

そこで二か月に一回、大学の研究室で開催されている「来日ロシア人研究会」（通称「来ロ研」）で山口氏からのお誘いを紹介した。その結果、日ロ交流史研究者の一橋大学名誉教授中村喜和さんと元毎日新聞モスクワ特派員飯島一孝さんが同行されることになった。

初対面の山口氏と三島駅で落ち合い、車で戸田に向かう。修善寺までは有料道路の快適なドライブだが、温泉街を抜けると車は曲がりくねった山道を達磨山へ登り、レストハウスのある展望台からは一気に急坂を下っていく。瞽女峠から眼前に戸田湾が開ける。

戸田湾は駿河湾の瘤みたいに小さな湾だ。右手から険しい山が迫り左は湾を囲むように松林の砂州がのびている。その閉ざされた空間に寄せ合うように漁港があった。お二人の同行者と案内人の山口氏の語る戸田とロシアの交流の話を聞きながら、わたしの頭に日本とロシアの二つの国の歴史の川が、限りなく近づき合流していく。その合流地点で、安政の大地震による津波の被害に遭い、修理する帰国船まで沈没するという惨事に遭遇しながら、日ロ和親条約を締結し、五百人の兵士をロシアに帰国させるべく奔走していた男性がプチャーチン提督である。彼は帰国船をロシアの設計図から日本の船大工と協同で造ることを幕府に交渉、日本で初めての洋式帆船で帰国を果たす。後に船は「ヘダ号」と名付けられ日本に贈られた。

百六十余年前、開国へ向かいつつあるとはいえまだ鎖国の時代、西伊豆の漁港に五百人のロシア人が滞在し、病死した二人の水兵以外の全員が帰国するまで半年間を要している。

プチャーチン提督が暮らし、執務していた宝泉寺には彼が使った机や椅子が束の間、主が席を外しているかのごとく置かれている。

――我が魂は永遠にこの地に残す――

戸田を去るプチャーチンが、万感の想いを込めて残した言葉と云われる。

戸田訪問の折、戸田で病死した二人のロシア人水兵の供養祭が毎年地元の人によって行われていることを知った。

梅雨の季節に入ったある日、山口氏から再度の電話。

「供養祭では港の桟橋から宝泉寺まで消防隊のラッパを先頭に子供たちが神輿を引いて行進するのですが、プチャーチン役になって歩いてくれるロシア人はいないでしょうか」とおっしゃる。

ＩＴ企業に勤めるセルゲイ氏に声をかけてみた。

「面白そうだ、プチャーチン提督よりだいぶ若いけれど。衣装もなんとかしよう」幸い彼はわたしと違い、戸田とロシアの交流史について詳しく知っている。

梅雨が明けた七月の第三土曜日、セルゲイ氏が新婚の奥さんと海軍提督の貸衣装をかかえて駆けつけてくれる。

消防隊のラッパ行進曲のあとに提督の衣装を着たセルゲイ氏が軒先で見物する人たちに手を振りながら宝泉寺に向かう。その後ろを子供たちの引く神輿のお囃子が追う。

蝉時雨の降りそそぐ宝泉寺の本堂、住職の読経と木魚のあいまに「おろしやこくの……」という言葉が何度か聞き取れる。参列者のお焼香が終わると、境内のロシア水兵の墓に献花。半時間ほどの簡単な儀式であるが、ビジネスで多くのロシア人と交流のあるわたしには西伊豆の漁港で地元の人だけで行われている恒例行事は宝石のように輝いて見えた。

供養祭が終わり人影のなくなった境内に佇むと、駿河湾からの吹く風の中にいにしえのロシア人、日本人たちのざわめきが聞こえるような気がする。

小説「つるし雛の港」は、そんなざわめきを伝えたくて世に出してみた。わたしにとって初めての小説のストーリーは耳を澄ませば一世紀半まえの戸田村の娘や若者、その家族、滞在するロシア人たちの声が聞こえ、目を閉じれば彼らが勝手に動き出してくれた。わたしはそれを文字に変えていけばよかった。

以来、戸田のロシア水兵供養祭がわたしの夏の幕開けとなった。

七月の第三土曜日、友人、知人に声をかけ集まってきた。自然発生的な集まりで、誰が参加するのか当日行ってみなければわからない。意外な再会の歓声があがり、笑顔の挨拶が車中や行進（プチャーチンパレードと呼ばれる）の最中にも交わされている。

多くのロシア関係者が集うようになった発端は、呼掛けに協力いただいた前述の「来日ロシア人研究会」の中村喜和氏、長縄光男氏（横浜国大名誉教授）のご支援なしには語れない。毎年、会のメンバーに戸田のロシア人供養祭の案内をメールでお知らせいただいた。

年々参加者は多くなり、東京、関東近郊、関西、ロシアからも含め百人以上の地元以外の参加者があり、ロシアのテレビニュースにも取り上げられた。

一番戸惑っているのは地元の人たちかもしれない。それでも近年は本堂に入りきれない参列者のため境内に焼香台が設けられ、民宿のおかみさんたちにより冷たい麦茶が遇される。

録音されたロシア正教の鐘の音が響き、伴奏なしで唱うマキ・奈尾美さんのロシア聖歌が寺の境内に流れる。

宝泉寺の墓地に眠るロシア水兵も、かつて寺で暮らしたプチャーチン提督も歴史の続編をどこかで見ているかもしれない。

陸の孤島とも云える西伊豆戸田に年に一度、ロシア国旗がたなびき、港の夜店でも、コンビニでもロシア語が聞こえ、違和感なく溶け込んでいる。この地に数百人のロシア人が半年近く暮らした史実が土壌にも、時を経た屋根瓦にも染み入っているからであろう。

ロシアに出会い、ロシアビジネスに踏入り、その先に出会った道程である。出会いの縁は不思議なもので、振り返れば偶然のようにみえる出会いも、見えざる糸が交差し、出会うべくして出会っていたとも思える。わたしとてビジネスを目指してロシアへいき、最後に日本の日ロ交流の原点の地にブーメランのごとく戻ってきた。

本著で「ロシア人は気持ちで動く」とクールに云いつのったが、気が付けばわたし自身が気持ちで動くロシア人に感化されているのではないか、と思う。

ここで最後のページに「戸田港まつりとロシア人供養祭」の行事をともに活動してきた地元以外の人の名前をあげて、感謝を申し上げたい。

供養祭に宝泉寺の境内でロシア聖歌を捧げるマキ・奈尾美さん、ロシア雑貨をテントに並べ、祭りを盛り上げてくれる輸入雑貨を扱う鈴木和美さん、参列者のお弁当、交通手段、宿泊の面倒な事務処理を見事にこなす橘奈保子さん、海外に赴任した初代プチャーチン役を引継ぐアナトリ・クラスノフさん、そのプチャーチンと士官、水兵の衣装をモスクワで製作、クラスノフ氏とともに港まつり実行委員会に寄贈したタチアーナ・ナウーモヴァさん。

彼らの志なくしてプチャーチンパレードとロシア人水兵供養祭の広がりはなかったであろう。

エピローグ——みんなドストエフスキー——

「ドストエフスキー、聞いたことはあるけど、舌噛みそうね」と三十代の日本人主婦。日本の大学でマーケティングを学んでいる二十代のロシア人女学生に尋ねた「ドストエフスキー知っているよね」「もちろん、教科書に出てきたから」と応えた。彼女の年代の若者にとって受験勉強のため記憶する作家の一人にすぎないのだろう。

高校、大学時代は勉強よりも本を読んでいた。ミステリー、恋愛、現代物、古典物、国内、海外と分野は決まっていたわけではない。図書館の棚の前で、今月はこの棚の一列を読もうと決めて、ひたすら文字を追うことに時間を費やした。読んでも内容の細かいところはほとんど覚えていない。ただ今日もたくさんの文字を目に入れた、とまるで食欲で胃を満たした子供のようだった。

そんな通りすぎていく読書のなかで、〝稲妻〟のごとく体を貫いて炸裂した本があった。ドストエフスキー作品集だった。作品の中にでてくる登場人物たちはだれも彼もわたしのこれまでの読書歴のなかにでてくる人物と違う。周りの日本人たちを見回しても出会ったことのない人物像。いや、ほんとうは一皮一皮剥いていけばどの人物もドストエフスキーの登場人物のどれかに嵌まっていくのではないか、そんな感慨や疑念も湧く。

ふつうの作家がオブラートに包んで表現するところをドストエフスキーはそのような回り道を許さない。神は存在するのか否か、救いはありやなしやと問い詰めながら焼け火箸を突きつけてくる。ドストエフスキーの作品に登場する人物がロシア人だとしたら日本人とは全く違う精神構造で理解不可能、魅力あるだろうが付き合うこともない異星人、それがわたしのロシア人のイメージだった。

社会人になって文学作品もドストエフスキーも彼の作品のロシア人も遙かに遠のき、記憶の底に沈んでいく。

ドストエフスキー作品から三十年後、五十歳ちかくになって異星人と思ったロシア人たちと仕事と人生が隣り合って係わってくるとは想像していなかった。

本書では四半世紀に接してきたロシア人とロシアを書き尽くそうとしたが、書きたいことは次々と溢れ、今でも新たな発見や驚きがあり、ペンをおく機を失してしまう。

ロシアは知れば知るほど多面的であり、生身のロシア人は魅力があってユニークだが、彼らは何処を見つめているのか今もって掴めない。

ふと学生時代に読んだドストエフスキー作品の登場人物の影がよぎる。

レンズを引いて俯瞰してみれば、ロシア人はみんなドストエフスキーの作品に登場している。今ふたたび、ドストエフスキーの著書を手に取っても学生時代に受けた衝撃はないだろう。すでにわたしは生身の彼らに接して、ともに生きているのだから。

同世代のロシア人に云った。

「ロシア人って、みんなドストエフスキーね」

珍しく否定も反論もなく、かすかにうなずいて頬をゆるめた。そして一呼吸おいて応えた。

「今の若者は、私たちと違っている」

二〇一八年三月

本書の一部は「ロシアン・ビューティ」(ユーラシア・ブックレット)、「センケン教室」(繊研新聞)、「ミツバチ科学」(玉川大学)に掲載された記事、あるいは出版物より加筆、修正したものを含んでいる。

本書の出版にあたり跋文を寄せていただいた長縄光男氏、専門書でもない自伝的エッセイの出版を勧めていただき、内容や編集に細かい助言をいただいた成文社の南里功氏に深謝申し上げます。

「和製アレクシェーヴィチ」の誕生に期待する

長縄光男（横浜国大名誉教授）

この本は細腕社長の肝っ玉奮闘記である。

著者がロシアとのビジネスに乗り出したのは一九九四年、ということは、ソ連が崩壊したほぼ直後のこと――当時のロシアは社会主義経済から資本主義経済へと移行する実験場の観を呈していた。七十年に及ぶ社会主義体制の下で、計画経済と統制経済しか知らない多くのロシア人は、資本主義自由経済とは何かなど、皆目見当がつかない状態にあり、西側で流布するロシアのイメージは、「赤いマフィア」の横行する無秩序と混乱の巷であった。そんなロシアのど真ん中、モスクワに、徒手空拳、アイデア一つを頼りに乗り込んで行く中尾ちゑこ――時に四十八歳の夏のことであった。

中尾さんが新しいロシアで見たもの、それはマスコミで語られるロシアとは全く異なるロシアの姿であった。彼女は一九九四年元旦、ロシアのホテルで見聞きしたこととして、こう書いている。

「通りをへだてた赤の広場から新年を祝う歓呼の声、爆竹や花火のはじける音が怒濤のごとく押し寄せ、時差ぼけの疲れも眠気も吹き飛ばす。零下十度の外気を人々の歓声と体温が溶かしていくようだ。国の混乱も生活の不安も飲み込んで、熱しはじめたフライパンの上の豆のごとく踊り跳ねていた。」（十二

ページ）

中尾さんはモスクワっ子のそんな姿に、「ここでは新しい何かが始まろうとしていること」を感じ取る。彼女をロシアでのビジネスへと導いて行ったのはこの「直感」であった。かくして、ビジネススクールの講師を皮切りに、四半世紀に及ぶ「七転び七起き」の肝っ玉人生が始まることになる。

それにしても何と沢山の事業を手掛けてきたことか――「アートフラワー」の輸出、日露の企業情報の提供、ビジネスコンサルタント、各種のイヴェントやセミナーの企画運営等々――いずれも利幅は薄いが元手のかからない仕事ばかりだ。これが石油や天然ガスのような強大な利権の絡むビジネスならば、脂ぎった連中が虎視眈々とチャンスを狙って介入してくるところだが、中尾さんが手掛ける程度のビジネスには、ありがたいことに、そうした連中は見向きもしない。当然、彼女の仕事のカウンターパートとなるロシア人も「ビジネスライク」とは無縁な、おおむね、どちらかと言えば、「古き良き時代」のロシア人ということになる。それが彼女の仕事が安全に長続きした理由だろう。

勿論、そんなロシア人が相手の「ビジネス」だから、大小さまざまな苦労話や失敗談には事欠かない。だが、彼女がいつでも、そして、どんな仕事でも、軽快なフットワークで次々と、いとも易々とこなして来たように思わせるのは、彼女の持ち前の楽天的な性格もさることながら、平易で達意な文章のなせるところでもあるだろう。彼女は昨年度の伊豆文学大賞を受賞した「新進」の作家でもあるのだ。受賞作の題は「熱海残照」――当節はやりの「玄冬小説」である。

作家の描く「ポスト・ソヴィエト」の風景と言えば、先ごろノーベル文学賞を受賞したスヴェトラーナ・アレクシェーヴィチの『セコンドハンドの時代――「赤い国」を生きた人々』のことが思い出される。この本は「赤い国」を生き延び、ポスト・ソヴィエトの時代の「黒い国」をも生きることを余儀なくされた庶民の、回想あるいは告白、証言を集めたものだが、これを読むと、一般の民衆にとってこの時代はスターリン時代のソ連に輪をかけたような過酷な時代であるように見える。「社会主義」の建前が崩れ、人々が本音で――つまり、資本主義的に生き始めたときの凄まじい現実には、正視するに耐えられないものがあり、そもそもこの本は六百ページに及ぶ浩瀚な本だから、もともと、とても一気に読み上げることなどできるはずはないのだが、私などは呻きながらこれを読み、読了するのに結局一か月以上かかってしまった。

その点、中尾さんの本にはこうした重苦しさはない。私はこの本を一気呵成に読み上げることができた。

ここに登場するロシア人はアレクシェーヴィチの本に登場するロシア人とは異なり、内面はともかくとして、表面的には皆、屈託がない。慣れないながらも、皆がそれぞれ身の丈に合った「資本主義」を健気にやっている。彼らは「ロシアの大地」というよりは「ロシアの地面」に細いながらもしたたかな根を下ろそうとしているのだ。その意味で、彼らが創り出しつつあるのは「草の根資本主義」の社会と呼べるのかも知れない。プーチン主導の巨大な利権が支配する、「資本主義」まがいのロシア社会の中で、この「草の根資本主義」がどのように育って行くのか、興味は尽きない。本書を読むと中尾さんはどうやら「引退モード」に入っているようだが、引退はまだ早いのではないか。「玄冬小説」の作家としてのその腕前を、「草の根のロシア」の今と未来を描くことに発揮してほしいものだ。

「和製アレクシェーヴィチ」の誕生を期待してやまない。

著者紹介

中尾ちゑこ（ナカオ・チヱコ）

1969年、天理大学卒。1970～1976年、日本電気精器（株）、（株）コマツ勤務。1976年、（有）マルナカ翻訳エージェンシー、1980年、海外ビジネス情報を提供する（株）マルナカインターナショナルを設立。2000年～、日本のスキンケア商品のロシアへの輸出開始。日系企業の貿易、販売代行、事務所設立手続き、ロシア市場調査、ロシア企業とのビジネスマッチングに従事。その他、ロシアビジネスセミナー講師、ロシア市場について業界紙への執筆。

モスクワ及び地方都市への訪ロ回数は100回を超える。

現在――（株）マルナカインターナショナル代表。

著書――『ロシアン・ビューティ』（東洋書店）、『つるし雛の港』（文芸社）、「プチャーチン異聞」（『異郷に生きるVI』成文社所収）、『熱海残照』（羽衣出版、第20回伊豆文学賞受賞）。

ロシアの躁と鬱――ビジネス体験から覗いたロシア――

2018年5月28日　初版第1刷発行

著　者　中尾ちゑこ

装幀者　山田英春

発行者　南里　功

発行所　成　文　社

〒240-0003 横浜市保土ヶ谷区天王町2-42-2

電話 045 (332) 6515

振替 00110-5-363630

http://www.seibunsha.net/

組版　編集工房 dos.

印刷・製本　シナノ

落丁・乱丁はお取替えします

Printed in Japan

ISBN978-4-86520-028-7 C0026

歴史

異郷に生きる
来日ロシア人の足跡
長縄光男、沢田和彦編
A5判上製
274頁
2800円
978-4-915730-29-0

日本にやって来たロシア人たち――その消息の多くは知られていない。かれらは、文学、思想、芸術の分野だけでなく、日常生活の次元において、いかなる痕跡をとどめているのか。数奇な運命を辿った人びとの足跡を追うとともに、かれらが見た日本を浮かび上がらせる。　2001

歴史

異郷に生きるⅡ
来日ロシア人の足跡
中村喜和、長縄光男、長與進編
A5判上製
274頁
2800円
978-4-915730-38-2

数奇な運命を辿ったロシアの人びとの足跡。それは、時代に翻弄されながらも、人としてしたたかに、そして豊かに生きた記録でもある。日本とロシアの草の根における人と人との交流の跡を辿ることで、異郷としての日本をも浮かび上がらせる。好評の第二弾――　2003

歴史

遥かなり、わが故郷
異郷に生きるⅢ
中村喜和、安井亮平、長縄光男、長與進編
A5判上製
294頁
3000円
978-4-915730-48-1

鎖国時代の日本にやってきたロシアの人や文化。開国後に赴任したペテルブルクで榎本武揚が見たもの。大陸や半島、島嶼で出会うことになる日露の人々と文化の交流。日本とロシアのあいだで交わされた跡を辿ることで、日露交流を多面的に描き出す、好評の第三弾――　2005

歴史

異郷に生きるⅣ
来日ロシア人の足跡
中村喜和、長縄光男、ポダルコ・ピョートル編
A5判上製
250頁
2600円
978-4-915730-69-6

ポーランド、東シベリア、ウラジヴォストーク、北朝鮮、南米、北米。ロシア、函館、東京、ソ連、そしてキューバ。時代に翻弄され、数奇な運命を辿ることになったロシアの人びと。さまざまな地域、時代における日露交流の記録を掘り起こして好評のシリーズ第四弾――　2008

歴史

異郷に生きるⅤ
来日ロシア人の足跡
中村喜和、長縄光男、ポダルコ・ピョートル編
A5判上製
360頁
3600円
978-4-915730-80-1

幕末の開港とともにやって来て発展したロシア正教会。日露戦争、日露協商、ロシア革命、大陸での日ソの対峙、そして戦後。その間にも多様な形で続けられてきた交流の歴史。さまざまな地域、時期における日露交流の記録を掘り起こして好評のシリーズ第五弾――　2010

歴史

異郷に生きるⅥ
来日ロシア人の足跡
中村喜和、長縄光男、沢田和彦、ポダルコ・ピョートル編
A5判上製
368頁
3600円
978-4-86520-022-5

近代の歴史の中で、ともすれば反目しがちであった日本とロシア。時代の激浪に流され苦難の道を辿ることになったロシアの人々を暖かく迎え入れた日本の人々。さまざまな地域、さまざまな時期における日露交流の記憶を掘り起こす好評のシリーズ、最新の論集――　2016